用于国家职业技能鉴定
国家职业资格培训教程

GUOJIA ZHIYE ZIGE PEIXUN JIAOCHENG

YONGYU GUOJIA ZHIYE JINENG JIANDING

礼仪主持人

（基础知识）

编审委员会

主　任　刘　康
副主任　原淑炜
委　员　王　群　马　力　陈　虹　张　澂
　　　　陈　蕾　张　伟

本书编审人员

主　编　张　澂
编　者　张　澂　蒋冰冰　霍　帅　严　丹
主　审　王　群

中国劳动社会保障出版社

图书在版编目(CIP)数据

礼仪主持人:基础知识/中国就业培训技术指导中心组织编写. —北京:中国劳动社会保障出版社,2008

国家职业资格培训教程

ISBN 978-7-5045-6939-4

Ⅰ.礼… Ⅱ.中… Ⅲ.主持人-培训-教材 Ⅳ.G222.2

中国版本图书馆 CIP 数据核字(2008)第 049843 号

中国劳动社会保障出版社出版发行
(北京市惠新东街1号 邮政编码:100029)
出版人:张梦欣

*

北京市艺辉印刷有限公司印刷装订 新华书店经销
787毫米×1092毫米 16开本 11.25印张 195千字
2008年5月第1版 2022年1月第7次印刷
定价:20.00元

读者服务部电话:(010)64929211/84209101/64921644
营销中心电话:(010)64962347
出版社网址:http://www.class.com.cn

版权专有 侵权必究

如有印装差错,请与本社联系调换:(010)81211666
我社将与版权执法机关配合,大力打击盗印、销售和使用盗版图书活动,敬请广大读者协助举报,经查实将给予举报者奖励。
举报电话:(010)64954652

前　言

为推动礼仪主持人职业培训和职业技能鉴定工作的开展，在礼仪主持人从业人员中推行国家职业资格证书制度，中国就业培训技术指导中心在完成《国家职业标准·礼仪主持人》（试行）（以下简称《标准》）制定工作的基础上，组织参加《标准》编写和审定的专家及其他有关专家，编写了礼仪主持人国家职业资格培训系列教程。

礼仪主持人国家职业资格培训系列教程紧贴《标准》要求，内容上体现"以职业活动为导向、以职业能力为核心"的指导思想，突出职业资格培训特色；结构上针对礼仪主持人职业活动领域，按照职业功能模块分级别编写。

礼仪主持人国家职业资格培训系列教程共包括《礼仪主持人（基础知识）》《礼仪主持人（国家职业资格四级）》《礼仪主持人（国家职业资格三级）》《礼仪主持人（国家职业资格二级　一级）》4本。《礼仪主持人（基础知识）》内容涵盖《标准》的"基本要求"，是各级别礼仪主持人均需掌握的基础知识；其他各级别教程的章对应于《标准》的"职业功能"，节对应于《标准》的"工作内容"，节中阐述的内容对应于《标准》的"能力要求"和"相关知识"。

本书是礼仪主持人国家职业资格培训系列教程中的一本，适用于对各级别礼仪主持人的职业资格培训，是国家职业技能鉴定推荐辅导用书，也是礼仪主持人职业技能鉴定国家题库命题的直接依据。

本书第1章、第2章、第3章、第4章、第8章由张澂编写，第5章由霍帅编写，第6章由蒋冰冰编写，第7章由严丹编写，全书由张澂统稿；王群参与了全书的审定工作。

本书在编写过程中得到华东师范大学传播学院的大力支持与协助，在此表示衷心的感谢。

中国就业培训技术指导中心

目 录

CONTENTS 《国家职业资格培训教程》

第 1 章 礼仪主持人职业道德 ……………………………… （1）
第 1 节 礼仪主持人职业道德基本知识 ……………………… （1）
第 2 节 礼仪主持人职业守则 ………………………………… （4）
思考题 …………………………………………………………… （6）

第 2 章 文化民俗基本常识 ………………………………… （7）
第 1 节 文化民俗的基本概念 ………………………………… （7）
第 2 节 文化民俗的基本功能 ………………………………… （12）
第 3 节 文化民俗的时代特点 ………………………………… （15）
思考题 …………………………………………………………… （17）

第 3 章 中国文化礼仪常识 ………………………………… （18）
第 1 节 中国传统文化的特点 ………………………………… （18）
第 2 节 人生礼节仪式 ………………………………………… （22）
第 3 节 节庆礼仪习俗 ………………………………………… （41）
第 4 节 少数民族礼仪习俗 …………………………………… （51）
思考题 …………………………………………………………… （60）

第 4 章 外国文化礼仪常识 ………………………………… （61）
第 1 节 中外文化礼仪的差异 ………………………………… （61）
第 2 节 国际通用礼仪常识 …………………………………… （63）
第 3 节 亚洲国家礼仪习俗 …………………………………… （67）

第 4 节　欧洲国家礼仪习俗 ………………………………………（74）
第 5 节　美洲国家礼仪习俗 ………………………………………（79）
第 6 节　非洲和大洋洲国家礼仪习俗 ……………………………（82）
思考题 …………………………………………………………………（86）

第 5 章　公关礼仪常识 …………………………………………（87）
第 1 节　公关礼仪概述 ……………………………………………（87）
第 2 节　公关人员的礼仪要求 ……………………………………（91）
第 3 节　公关礼仪的主要类型 ……………………………………（102）
思考题 …………………………………………………………………（120）

第 6 章　社会语言学常识 ………………………………………（121）
第 1 节　社会语言学概说 …………………………………………（121）
第 2 节　汉语地域变体 ……………………………………………（122）
第 3 节　汉语社会变体 ……………………………………………（126）
思考题 …………………………………………………………………（130）

第 7 章　社交心理学基本常识 …………………………………（131）
第 1 节　人际交往与社交心理 ……………………………………（131）
第 2 节　社交动机与社交知觉 ……………………………………（142）
第 3 节　社会交往中的心理应对方式 ……………………………（154）
思考题 …………………………………………………………………（164）

第 8 章　相关法律与法规 ………………………………………（165）
第 1 节　《中华人民共和国劳动合同法》相关规定 ……………（165）
第 2 节　《中华人民共和国合同法》相关规定 …………………（170）
思考题 …………………………………………………………………（173）

参考文献 …………………………………………………………（174）

第1章 礼仪主持人职业道德

职业道德是同人们的职业活动紧密联系的、符合职业特点所要求的道德准则、道德情操与道德品质的总和。职业道德是所有从业人员在职业活动中应该遵循的行为准则，涵盖了从业人员与服务对象、职业与职工、职业与企业单位之间的关系。随着现代化社会分工的发展和专业化程度的增强，市场竞争日趋激烈，整个社会对从业人员的职业观念、职业态度、职业技能、职业纪律和职业作风的要求越来越高。作为礼仪主持人，要成为遵守职业道德、履行职业守则的典范。

第1节 礼仪主持人职业道德基本知识

1. 礼仪主持人的职业要求

在《国家职业大典》第二大类第十二种类"播音员及节目主持人"（2—12—04—01）中，将"礼仪主持人"定义为：具有良好的文化、礼仪、民俗知识，在礼仪活动现场负责推进程序、调节气氛、沟通关系的专业人员。

礼仪主持人所从事的工作，主要是各种礼仪活动的主持工作，比如在政务礼仪场合、商务礼仪场合、婚庆礼仪场合从事礼仪活动的主持工作。

礼仪主持人应具备良好的职业素质，应当口齿清晰、语言流畅，有很好的语言表达能力，还应当五官端正、衣饰整齐、身心健康、精神抖擞、动作协调。

礼仪主持人是各项礼仪活动的"灵魂"，除了具备良好的职业素质外，还应当具备良好的文化修养，具备丰富的文化民俗知识，熟悉各种礼仪活动的仪式要求，并能策划安排礼仪活动。礼仪主持人在礼仪活动现场负责礼仪活动的程序推进，起到调节气氛、主导仪式进行的作用。此外，还应该具有较强的语言与文字表达能力、人际沟通能力，以及分析解决问题的应对公关能力。

2. 礼仪主持人的职业态度

礼仪是人与人之间在不断地相互交往过程中形成的行为规范和准则，它在一定的文化社会环境下孕育产生，也是社会文明的象征。孔子云："不学礼，无以立。"礼仪和法律、道德等一样，是需要人们遵守的行为规范，不懂或不讲礼仪就是失礼。

"文质彬彬，然后君子。"随着现代社会的飞速发展和文明程度的不断提高，以及与世界交流的日益频繁，文雅有礼、拥有良好的修养和风度，正成为越来越多人的向往和追求。对担任礼仪活动的礼仪主持人来说，更应该是文明礼貌的体现者、表率者。无论外表举止还是内在素养，都要很好地体现礼仪规范，这是礼仪主持人应该具备的职业态度。

作为一名合格的礼仪主持人，应该在所从事的礼仪活动中，端正职业态度，处处以身作则，时时刻刻注意维护自身的礼仪形象，给人们留下礼仪"大使"的良好印象。

3. 礼仪主持人的职业素养

（1）成熟的人格情操

礼仪主持人首先要有高尚的人格魅力和道德情操。在礼仪交往活动中，人与人的沟通与交流也就是心与心的交流和碰撞，内心思想通过交流显露出来，交流得越深入，思想就会表露得越清晰。因此，要想取得对方的敬佩、信任或者是支持与理解，就首先要让自己高尚起来，让对方觉得自己不仅仅只考虑自我的利益，而是胸怀广阔之心，境界高远，坦坦荡荡。礼仪主持人要用自己的魅力和境界去感染他人、感化他人。

其次，要待人真诚，尽可能多地考虑他人的感受；为人热情，增加亲和力；心怀尊敬，认真对待接触过的每一个人。如果能够自始至终保持良好的心境和亲切的态度，不仅能够愉悦彼此，而且还能事半功倍、获得意想不到的惊喜。

此外，礼仪主持人还要培养开朗的性格。在礼仪活动的场合，充满自信地与人交流，充分展示出自身的优点与魅力，这也是礼仪主持人所应当具备的素养。

（2）端庄的修养气质

礼仪主持人应当要有良好的精神状态，以饱满的热情对待工作、迎接挑战。一个充满朝气、精神抖擞的礼仪主持人是大家都欣赏的阳光型的人，在他的身上时刻散发着温暖和光芒，令所有人都希望能够获得或分享。这种良好的精神状态会使礼仪工作增色不少。

作为礼仪活动中心人物的礼仪主持人，应该具备端庄稳重的气质修养，要仪表端庄，举止优雅，落落大方。举止是一种不说话的"语言"，它真实地反映了一个人的素质和受教育的水平。礼仪主持人的音容举止尤其要讲究文明礼貌，从而以优雅大方、得体稳重的举止行为，起到以身示范的作用。

（3）完整的知识储备

礼仪主持人所从事的主要工作是主持各类礼仪活动，所涉及的领域包括政务礼仪、商务礼仪、服务礼仪、社交礼仪、涉外礼仪、营销礼仪等，涵盖面非常广。可以说，礼仪活动主持的成功与否，在很大程度上取决于礼仪主持人对礼仪活动的性质、要求、规则、仪式的了解和掌握程度，这就需要礼仪主持人要有丰富的社会阅历和知识储备。要内外兼修，积累丰富的文化民俗知识，了解各地、各民族的风土人情，熟悉国际礼仪规则以及东西方不同的礼仪习俗，掌握各种礼仪活动的仪式规范。此外，对一些边缘学科知识，比如社会学、伦理学、心理学、传播学、美学等学科，都要有所了解，并且还应该举一反三，活学活用，将学到的知识灵活应用到具体的礼仪活动实践中去。

（4）全面的能力结构

一场礼仪庆典是否能成功举办，很大程度上取决于礼仪主持人的素质以及现场发挥能力。根据礼仪主持人独特的职业性质与特点，礼仪主持人应具备良好的沟通主持能力。要具有准确流畅的语言表达能力，主持仪式，传达信息，协调气氛。同时还要有较强的社会交往能力，能够和不同类型的人或组织沟通打交道，拥有广泛的社会关系网和丰富的人脉资源。另外还要有很强的应变能力和现场协调能力，做到把控现场，处变不惊，游刃有余。此外还应该具备创新策划能力，能不断创新出奇，别出心裁，把礼仪活动办得别致有趣。

第 2 节　礼仪主持人职业守则

1. 热爱本职工作，爱岗敬业

热爱本职工作，爱岗敬业，是社会公德中最普遍、最重要的要求，也是对礼仪主持人工作态度的基本要求。

爱岗，就是热爱自己的本职工作，能够为做好本职工作尽心尽力；敬业，就是要用一种恭敬严肃的态度，来对待自己的职业。宋朝朱熹对"敬业"的阐述是："专心致志，以事其业。"就是说，敬业的核心要求是严肃认真，一心一意，精益求精，尽职尽责。

爱岗与敬业是相互关联、相辅相成的。爱岗是敬业的前提，敬业是爱岗情感的进一步升华，是对职业责任、职业荣誉的深刻认识。

要达到爱岗敬业的职业要求，首先要有献身事业的思想意识。职业是人谋生的手段，也是服务社会的途径，更是个人的一项事业。礼仪主持人应当把自己的工作当成一种事业来看待，全身心地投入工作，认认真真、毫不马虎；其次，要培养干一行、爱一行的精神。只有干一行、爱一行，才能认认真真"钻一行"，才能专心致志搞好工作，做出成绩。要熟练地掌握礼仪主持人职业的基本技能和工作要求，明确礼仪主持人的职业道德要求；再次，爱岗敬业的精神要始终贯穿于工作之中。只要担任礼仪主持人，就应当恪尽职守、尽心尽责、认真负责地完成工作。

2. 讲究服务质量，诚实守信

诚实守信，是为人处世的基本准则，是一个人能在社会生活中安身立命之根本，也是社会主义社会公民的职业道德之一，礼仪主持人也要遵守这一基本的职业守则。

古人云："人无信不立""人而无信，不知其可也"。诚实守信对于一个人为人处世有着极其重要影响，它既是一种道德品质，也是一种公共义务。

诚实就是讲真话。不歪曲、篡改事实，不隐瞒自己的真实思想，不说谎，不作假，不为不可告人的目的而欺骗别人。

守信就是讲信用。信守诺言，言必行，行必果。作为礼仪活动的主持人，就要在职业工作和社会交往中坚守诚信的原则，实事求是，待人诚恳，做到言行表里如一。讲究服务质量，讲信用，守诺言，重契约，以优质周到的服务态度和专业精湛的主持技艺吸引客户，开拓市场，卓有成效地参与竞争，在激烈的竞争中立于不败之地。

3. 树立服务意识，客户至上

服务客户群众是为人民服务的道德要求在职业道德中的具体体现，是各个服务行业工作人员必须遵守的道德规范，也是礼仪主持人职业守则中的重要方面。

其主要内容有：第一，树立全心全意为人民服务的思想，热爱本职工作；第二，文明待客，对客户群众热情和蔼，服务周到，说话和气；第三，树立客户至上的服务理念，急群众之所急，想群众之所想，帮群众之所需；第四，廉洁奉公，不利用职务之便谋取私利；第五，自觉接受客户群众的监督，欢迎批评，有错即改，不断提高服务水平。

4. 爱文明讲礼貌，遵纪守法

文明礼貌不仅是一个国家社会和民族素质的反映，也是一个民族社会发展和道德进步的标志。文明礼貌不仅反映了当今社会人与人之间相互关心、相互尊重的友好关系，也反映了公民自身文化修养和道德修养的水平。

文明礼貌就是讲究起码的礼节、礼仪和礼貌，无论是在公共场合、职业场所和个人家庭生活中，行为举止都应得体、适宜。要讲文明，特别是注重公共场合中言谈举止的文明。具体而言，就是要爱护公共财物、维护公共秩序、遵守交通规则、不随地吐痰、不乱扔垃圾、不大声喧哗等。文明礼貌既反映着一个人内在的思想道德水平和文化修养，也体现着是否尊重人、关心人、懂得人际交往的艺术。作为礼仪活动的参与者，礼仪主持人更应该处处以身作则，成为文明礼貌的表率。

遵纪守法是社会公德的最基本要求，遵纪守法同时也是保证社会健康、有序发展的基础。守法，首先是遵守宪法和法律；其次是要遵守国家的行政法规和地方性法规；最后要遵守劳动纪律、技术规范和一些群众自治组织所制定的"乡规民约"等。守法，不仅仅是法律层面的要求，也是对公民道德和行为规范的基本要求。

要做到遵纪守法，首先要学法、知法、懂法。要注意学习和了解现有的一切法律规范、纪律条例，懂得法律规章的适用范围。其次要用法。当前我们正处在社会主义市场经济体制中，市场经济就是法制经济。作为礼仪主持人，在日常的工作、学习和生活中，要自觉运用法律来对照指导自己的行为，形成明确的法律意识，利用法律为武器,为职业工作增光添彩。最后要卫法。在社会公共秩序受到破坏、国家安全受到威胁时,要见义勇为,挺身而出,坚决地与违法行为作斗争,从而维护法律的尊严。

思 考 题

1. 礼仪主持人的职业要求是什么?
2. 礼仪主持人的职业素养主要包括哪些方面?
3. 礼仪主持人怎样才能做到爱岗敬业?
4. 诚实守信在礼仪主持人工作中是怎么体现的?
5. 如何在礼仪主持人工作中做到遵纪守法?

第 2 章 文化民俗基本常识

《礼记·曲礼》曰："入竟（境）而问禁，入国而问俗，入门而问讳。"凡是有人群生活的地方就有文化民俗的存在，文化民俗由历史沿传而来，又在现实生活中生生不息，折射出不同民族独特的文化风貌、思维方式和心理积淀。

第 1 节 文化民俗的基本概念

1. 文化概说

（1）文化的概念

1）中国古代传统的文化概念。"文化"，是中国语言系统中古已有之的词汇。清代顾炎武在《日知录》中说："自身而至于家国天下，制之为度数，发之为音容，莫非文也。"即认为人自身的行为表现和国家的各种制度，都属于"文化"的范畴。可见，中国古代的"文化"概念，指的主要是上层建筑、精神层面的东西。

2）西方学者的文化概念。西方的"文化"一词，来源于拉丁文 Cultura，本义为"耕作"，即土地的开垦及植物的栽培，后来又引申为对人类的心灵、肉体和精神的培养。其含义包含了从人的物质生产到精神生产两个领域，这比中国古代"文化"的含义要宽泛得多。

1871 年，英国文化学家泰勒在《原始文化》一书中给"文化"下了这样一个定义:"文化或文明,就其广泛的民族学意义来说,乃是包括知识、信仰、艺术、道德、法律、习俗和任何人作为一名社会成员而获得的能力和习惯在内的复杂整体。"这一观点至今影响巨大。

(2) 文化的构成要素

文化是一种社会现象,是人们长期创造形成的产物。同时又是一种历史现象,是社会历史的积淀物。一个国家或民族的历史、地理、风土人情、传统习俗、生活方式、文学艺术、行为规范、思维方式、价值观念等文化所包含的基本成分组成了文化的构成要素。

1) 物质要素。这是指文化的物质部分,包括人类创造出来的一切物质产品,其中尤以生产工具最为重要。人类创造文化,必须通过有形的制造品表现出来,如器皿、布衣、建筑物、水坝、公园等,其中改造自然所使用的生产工具,反映了人的需要和技术发展水平,反映了人类改造自然的能力,因此它在各种物质要素中是起决定作用的要素。

2) 精神要素。即精神文化,包括哲学、科学、宗教、艺术以及各种思想观念,其中尤以价值观念最为重要。精神文化是文化不可或缺的部分,人们改造自然与社会,创造和享受文化的活动无不是在一定的思想观念指导和推动下进行的,所以观念形态的文化是文化要素中最有活力的部分,尤其是价值观念更是文化的精髓或灵魂,是核心要素,反映了人们判断是非、选择行为方向和目标的标准。价值观是在社会共同生活中培养起来的,所以在一个群体或社会中,会形成大体一致的价值观,这就是群体或社会的价值。群体或社会的价值决定着这个群体或社会的特有生活式样。

3) 语言和象征符号要素。人类的交往只有借助语言和符号才能进行,一切知识的继承和传递也只有借助语言和符号才能实现。语言是人们观察世界(甚至是改造世界)的工具。人们用语言在自己的头脑里建造了客观的世界,所以语言不同,对世界的反映也不同,由此构成的文化特点也不同。

符号是一种无声的语言,也是社会文化互动的过程中不可缺少的手段,甚至比语言还运用得更广泛。符号有身体的姿势、表情、动作、声音、图形、标志等。有的符号是表征的,如国徽、军旗;有的符号是指意的,如禁止通行的符号。前者含义丰富,后者意义明确。符号的不同也是文化特色的表现之一。

4) 制度要素。人的物质生产活动是一种社会的活动,只有结成一定的社会关系才能进行。人类高于动物的一个根本之处,就是他们在创造物质财富的同时,又创造了一个属于自己,服务于自己,同时又约束自己的社会环境,创造出了一系列的处理人与人(个体与个体、个体与群体、群体与群体)相互关系的准则,并将它们规范化为社会经济制度、婚姻制度、家族制度、政治法律制度，家族、民族、国家，经济、政治、宗教社团、教育、科技、艺术组织等。社会制度是人们在社会互动过程中根据需要指定出来或衍生出来的，是人们为反映和确定一定的社会关系并对这些关系进行整合和调控而建立的，它是一定的价值观念的具体化，对价值观念起着支撑作用。各种制度规范互相配合共同调节人们的各种社会行为，以维护社会秩序。

5）行为要素。人类在社会实践中，尤其是在人际交往中，由约定俗成的习惯性定势构成了体现文化特点的行为模式。行为要素往往以民风民俗的形态出现，普遍见之于人们的日常起居生活中，具有鲜明的民族、地域特色。民族的、时代的文化既有物质生产的标志、制度规范的呈现，又有具体的社会行为、风尚习俗的鲜活体现。以民风、民俗形态出现的行为文化要素，"首先是社会的、集体的，它不是个人有意无意的创作。即便有的原来是个人或少数人创立和发起的。但是它们也必须经过集体的同意和反复履行，才能成为民俗；其次，跟集体性密切相关，这种现象的存在，不是个性的，而是类型的或模式的；再次，它们在时间上是传承的，在空间上是播布的"。（钟敬文《民俗学概论》）

（3）文化的分类

长期以来，人们在使用"文化"这一概念时，其内涵、外延差异甚大，故有许多分类研究的方法，比较通行的是对于文化概念的广义与狭义之分。

广义的"文化"，着眼于人类与一般动物，人类社会与自然界的本质区别，是人类卓立于自然的独特生存方式，其涵盖面非常广泛，又被称作"大文化"。包括了人类在社会历史发展过程中所创造的物质和精神财富的总和。诸如认识的（语言、哲学、科学、教育）、规范的（道德、法律、宗教信仰）、艺术的（文学、美术、音乐、舞蹈、戏剧）、器用的（生产工具、日用器皿及其制造技术）、社会的（制度、组织、风俗习惯）等都在此范畴内。

狭义的"文化"，指的是社会的意识形态以及与之相适应的制度和组织机构，包括人们的社会习惯，如衣食住行、风俗习惯、生活方式、行为规范以及哲学历史、文学艺术等人类文明结晶。作为意识形态的文化，是一定社会的政治和经济的反映，又作用于一定社会的政治和经济。

在近年来的文化研究中，对文化的区分还出现了高雅文化、精英文化、通俗文化、大众文化、流行文化、产业文化、商业文化等新概念。此外，在各个学科领域内都有相应的文化概念，如政治文化、经济文化、企业文化、行政文化、管理文化、法律文化等。

（4）文化的基本特征

1）文化是人类社会共同生活的产物。文化是在人类社会共同生活过程中衍生出来或创造出来的，文化与社会密切相关，没有社会就不会有文化。自然存在物如山川河流、日月星辰本身不是文化，但人类据此而创造出来的历法、文学、艺术以及其他产物却是文化。人可以点头和摇头，这种生理机能本身不是文化，但赋予点头和摇头一定的含义，使其成为一种沟通交流符号，就成为了文化。人们的观念、知识、技能、习惯等都是通过后天学习接受的，是社会化的产物。

2）文化是具有多层次结构的有机系统。文化作为一个整体，可以涵盖人类有史以来所进行的全部的社会性活动及其成果，既包含人类所有的历史遗产，也包括正在不断演化和创造的整个文化进程。文化的深层要素一般不会以直接呈现的形式出现，而可能交织渗透于复杂多样的文化现象中，构成了多层次、开放型的结构体系。

3）民族性和地域性是文化的重要特征。文化是一个群体或社会全体成员共同享有的，是在共同生活中创造出来并共同遵守和使用的，如语言、风俗习惯、规范、制度、社会价值观念等。作为意识形态的文化，是一定社会的政治和经济的反映，又作用于一定社会的政治和经济。不同的人类群体由于赖以生存的自然条件的差异，常常会形成不同的价值系统、思维模式和行为倾向。不同的民族和地域文化系统的存在，形成了不同的文化语境和多样性的人类文化景观。

4）文化是一个不断继承和更新的过程。文化的发展进程，是一个连续不断的动态过程。每一种社会形态都有与其相适应的文化，每一种文化都随着社会物质生产的发展而发展。社会物质生产发展的连续性，决定文化的发展也具有连续性和历史继承性。任何社会的文化，都是从前一个历史阶段继承下来的，并通过选择和扬弃传承发展下去。文化是一个不断继承扬弃和变迁更新的过程，不能用孤立和静止的观点去看待文化。

5）文化是多样性与共同性的结合体。文化是共有的，具有一系列共有的概念、价值观和行为准则，它是使个人行为能力为集体所接受的共同标准。但同时，文化又是具体的、特殊的，世界各个时期、各个地域和民族的文化都具有自身的特点，彼此存在着很大的差异。即使在同一社会内部，文化也具有不一致性。例如，在任何社会中，男性的文化和女性的文化都有所不同。此外，不同的年龄、职业、阶级之间也存在着亚文化的差异。

2. 民俗概说

（1）民俗的定义

钟敬文在《民俗学概论》一书中给民俗下了这样的定义:"民俗,即民间风俗,指一个国家或民族中广大民众所创造、享用和传承的生活文化。民俗起源于人类社会群体生活的需要,在特定的民族、时代和地域中不断形成、扩布和演变,为民众的日常生活服务。民俗一旦形成,就成为规范人们的行为、语言和心理的一种基本力量,同时也是民众习得、传承和积累文化创造成果的一种重要方式。"

民俗是人类在生存活动中为自身的持续发展而创造、享用和传承的生活文化。民俗,是属于民众、民间的意识形态,它深植于民间,有着深刻的民族集体烙印。在时间上,由民众一代代传接继承;在空间上,有着鲜明的民族地域特色,并由一个地域向另一个地域扩布,是有着鲜明的民族特点、深藏在民众的行为、语言和心理中的基本力量。

民俗是社会存在的反映,民众不仅生活在物质形态的文化中,更生存于精神信仰和观念意识的文化中,民俗是民众的生存方式的体现。

民族性,是民俗的重要属性之一。所谓民族性,既是指同一类民俗事象在不同民族中所具有的不同的特点,又是指不同民族生活中有不同的民俗事象在世代传承。这是在各民族的物质生活和精神文化生活的发展中自然形成的,总是受到民族经济生活、民族社会结构、民族心理、信仰、艺术、语言等文化传统的多方面制约,形成民族民俗特点。

民俗涉及的内容很多,至今它所研究的范围仍在不断地拓展,就今日民俗学界公认的范畴而言,民俗大致包括以下三个大的方面:

1) 物质生活民俗,以劳动生产、贸易交换、交通运输、服饰器物、饮食居住等为主要内容。

2) 社会生活民俗,以家族亲族、城镇乡源、民间组织、社会结构、岁时节日、生活礼仪等为重点。

3) 精神民俗,包括信仰禁忌、伦理道德、民间口头文学、民间艺术、游艺竞技等。

(2) 民俗的文化属性

世界上的每一个民族都有其自身独特的文化,"文化与民族都是历史的产物,人类在社会生产实践中创造了文化的同时,也创造了民族。一个人们共同体在自身的生产和社会活动中,创造了共同的文化并形成了民族;一个民族及其文化在发展中必然也要形成独特的文化传统。这种文化传统世代影响着该民族群体及其每个成员,而一个民族群体又靠这种传统文化紧紧凝聚在一起。因此,该传统文化一方面表现为本民族全体成员所共有，一方面又与其他民族相区别"。[①]

民俗是整个民族文化的一个重要组成部分，包含着各个民族的风俗习惯、思维方式、心理素质，有着深刻鲜明的文化属性。民俗文化主要是通过人作为载体进行世代相袭和传承的文化现象，是人类在不同的生态、文化环境和心理背景下创造出来，并在独特的历史发展过程中积累、传递、演变，形成不同的类型和模式。它反映民众的物质生活和精神生活，表达了民间集体的意识意愿，是一个民族精神的重要载体。

民俗文化的形成与社会发展、经济条件、生产生活水平密切相关，俗话说"千里不同风，百里不同俗"，民俗文化受到民族居住区的环境的制约，具有鲜明的地域特点。比如土地观念是农耕文化的核心观念，中国古代一直是一个农业自然经济的社会，人们热爱土地、敬畏土地，把土地当作自己的生命与依靠。因此，在古代每个村庄都有土地庙，都要敬奉土地神，以求得丰收；皇帝每年都要到天坛、地坛祭拜天地，象征性地躬耕，祈求风调雨顺，国泰民安。

民俗文化具有相当强烈的渗透性和影响力，任何一个民俗文化元素，一旦被民俗主体的人所认定、接纳，就会立即取得共识，进而约定俗成，习以为常。一旦这个民俗文化元素被民俗主体的人们广泛运用到物质与精神的重要层面时，它就会产生最有效的文化功能，从而转化成共有的民俗文化属性。比如中国的十二生肖，就是这种民俗文化元素的典型。经过千百年的积淀，生肖属相在无形中已经成为中国人的一部分民俗属性，已经渗透到人们赖以生存的生产、消费的各个环节中，渗透到亿万人生命时间的确定和记忆的习惯中，渗透到人们有关生老病死、婚丧嫁娶的人生重要历程中，甚至影响到精神层面的信仰与命运观念。生肖民俗文化也成了中国文化的特殊表征，进而散布传播到全世界。

第2节　文化民俗的基本功能

1. 认知功能

认知功能是指文化民俗以特有的方式渗透在认识主体、中介系统和认识客体

[①] 林耀华. 民族学通论. 北京：中央民族大学出版社，2003. 400

中，规范、影响和制约着人们的认识活动。

民俗的本质是民众创造、共享和传承的生活文化，既包括物质的，也包括精神的，还包括社会组织的和口头语言等几个层面。

每个时代的思想意识、文化倾向，不仅从这一时期的哲学、科学、文化艺术中得到表现，同时也通过文化民俗及时地反映出来。文化民俗把人类世世代代积累的最优秀的社会经验集于一身，从而为人们认识世界和改造世界创造了条件。文化的习得性表明，个体并不是一出生就具有文化的，个体从出生到成长的过程是一个建构文化和社会现实的过程。它包括个体的自我意识、身份、情感等的构建。就个人而言，一个人呱呱坠地，对世事一无所知，然后经过家庭、学校、社会，通过学习知识、习俗，认知他所生活的社会环境中的应知应会，从而生存于世。

集体遵从、反复演示、不断实行，这是文化民俗得以形成的核心要素。文化民俗培育了社会的集体性、一致性，增强了民族的认同感，强化了民族精神，塑造了民族品格，规范了民族的文化行为。

2. 传播功能

传播功能是指文化民俗所具有的记录、存储、加工和传承社会信息的功能。传播是文化民俗的内在属性和基本特征，一切文化民俗都是在传播的过程中得以生成、发展、延续的。

文化民俗具有生生不息、不断延续传承、扩布传递的特点。作为人们的社会活动过程的一个方面，文化民俗的传播就是社会传播，是人们对文化民俗的分配和共享，起到了沟通人与人之间共存关系的作用。

传播是文化民俗的存在方式。人类生存和发展的历史是一个文化民俗不断进化发展的历史。在人类文化形成发展中，传播起着关键性的作用。每个人都既是信息的发出者和接受者，又是传播的载体。文化民俗并非是静止的、僵滞的，不都是"古老文化遗留物"。如果没有文化的交流与传播，任何文化都将是一种"死文化"。

传播与文化民俗的发展同步进行、相互交织、不可分割。传播是促进文化变革和创新的活性机制。

文化民俗的传播往往具有层次众多、结构复杂的传播方式，既能够制约影响人们的思想认识、传播及行为模式，亦能够制约影响人们对外来思想知识、行为模式、价值观念等的吸收、排斥以及诠释、运用。

3. 谐调功能

谐调功能是指文化民俗维系调控社会实践和人与人之间社会关系的功能。

民俗，是依附人们的生活、习惯、情感与信仰而产生的文化。在一个社会群体里，为了生存和发展，人们必须在生活实践中形成一种共识，共同遵守社会公认的行为准则和道德标准，追求共有的价值观，确立社会成员必须遵守的社会规范。文化民俗就是这种价值观和社会规范的系统化。在劳动、生活方式、人际关系等方面这样或那样地影响着人们的行为，维系调节着人们的行为举止，谐调影响着人们对物质价值和精神价值的选择判断标准。

文化民俗是凝聚社会、谐调群体的黏合剂，承担着传递社会经验、维持社会历史连续性的功能。文化民俗可以依附于语言、思维方式、生活习惯以及其他文化载体，形成一种社会文化环境，对生活于其中的人们产生同化作用，影响他们的价值观、审美观、是非观、善恶观，也为他们认识、分析、处理问题提供大致相同的基本点，进而化作维系谐调社会、民族的生生不息的巨大力量。

4. 审美功能

审美功能是指在文化民俗中积淀的美感所引发的感受、感知和创造美的能力。

美是能够使人们感到愉悦的一切事物，它包括客观存在和主观存在。审美活动是人类一种主动追求美的实践活动。作为人类一种独特的感性认识范畴，审美以对事物审美特性的直觉判断为心理特征，不同于对世界的纯科学的理性认识，也不同于对世界的物质功利需求。

心理学家荣格提出审美经验和艺术创造取决于人类的集体无意识，美感来源于艺术幻想，幻想来源于集体无意识中的神话原型和意象。它们是来自人类心灵深处的某些陌生的东西，源于人类史前时代和原始经验，通过遗传存在于个人的无意识的最深层。当审美对象能够唤醒、触发或符合了审美主体中深藏的集体无意识的原始经验或意象时，社会即可得到强大持久的美感和美学效果。这里所提到的"人类心灵深处""集体无意识中的原始经验或意象"即可看做是文化民俗的深厚积淀。在人类的审美经验和审美评价中，文化民俗起到了非常大的作用。

文化民俗的审美功能常常与教化作用相联系，通过审美活动来体现文化民俗中所蕴含的社会文化历史、思维方式、人生态度、价值观念和行为方式，进而起到教育感化作用，增进对民族文化的认同感知。比如，苗族的民族服饰不仅手工精湛、艳丽多姿，极具审美价值，同时那些奇异的图案纹饰中往往描绘着离奇的神话和历史故事，表现了苗族源远流长的历史发展轨迹，堪称是穿在身上的史书。

文化民俗的审美层次非常丰富，涉及物质、精神、心灵等各个层面，具有多元化的特点。文化民俗不仅仅是抽象的意识存在，历朝历代的民众在历史的发展进程中，积累了丰富的审美经验，创造了大量蕴含着文化民俗意蕴的艺术珍品和民俗物品，往往兼具实用功能和审美功能，在调节身心的过程中，把审美观念与物质的存在联系在一起，满足人们的审美需求。

第3节　文化民俗的时代特点

1. 与时俱进的文化精神

人类与文化民俗相伴而生，从远古一直走到现代。一定的文化民俗是一定社会的经济和政治在意识形态上的反映，又对经济和政治的发展起着巨大的作用，用一种超稳定的力量调节着社会历史的走向。蕴含在新制度、新体制中的文化精神，一方面为批判、否定和超越旧制度、旧体制提供锐利武器；另一方面又以一种新的价值理念以及由此而建立的新的价值世界为蓝图，给人们以理想、信念的支撑。正是这种不断更新、与时俱进的文化精神，对人类文明的发展起到了巨大的推进作用。

民族文化经过长久的传承，便会形成代表其总体价值取向的文化精神，这是一个民族在历史进程中表现出来的富有生命力的优秀思想、高尚品格和志向胸怀的结合体，体现着民族的灵魂、凝聚力和生命力。从历史的进程和现实的发展看，与时俱进，既是中国传统文化的精髓，也体现着中华民族的文化精神。这种文化精神，与封闭自矜、因循守旧、凝滞不前截然对立，充满着健康进取、勃发向上的生命力。

文化民俗是民族文化的主要组成部分，也充分体现了一个国家的民族文化精神。中国文化民俗作为一个民族的传统和习惯，早已经渗透在中国人的血液之中，并熔铸成中国人深层的心理积淀，连接着过去，也与未来息息相通。

文化民俗具有流动变化的特点，一直处于发展、演变和更新中。尤其是在当前，政治、经济、文化的飞速发展，带来了社会生活和人们心理的急剧变化，也带来了文化民俗的日新月异的巨大变化。只有坚持与时俱进的文化精神，充分发挥文化的熏陶、教化、整合、激励作用，敢为天下先，开拓进取，不甘封闭与禁锢，拥有海纳百川的胸怀与兼容并蓄的气度，才能在与世界文化交流中，超越社会制度、文化民俗不同的屏障，主动吸纳各种文化的先进成果，在兼容吸纳的过程中使民族文化不断得到嬗变与升华。

2. 交流开放的文化态度

文化是人类创造的，同时，文化又陶冶和塑造了人类本身。由于不同的自然地理历史条件，人类创造了不同类型、不同模式的文化。不同类型、不同模式的文化又将人类塑造成了具有不同文化特征的群体。每一个国家、每一个民族都在历史发展的过程中形成了自己独特的文化传统，这些文化传统都是优秀的，在推动其国家和民族的发展中起着重要的作用。

任何一种具有生命活力的民族文化，都是处在一种开放性的文化系统中，其系统内部的能量总是与外界保持着相互交流、开放兼容的状态，不断地从外界获取新的能量，接受新的刺激，从而保持着一种随时应变的活力，不断地变化更新系统本身。

中华文化本身就是交流开放的文化态度的结晶。中华文化是在华夏大地上发展起来的，由各民族共同创造的文化，在其发展过程中，以华夏文化和汉文化为主体，起着主导作用。同时，在漫长的历史演进的过程中，中华文化广泛吸收各民族多姿多彩的文化养分，使得中华文化既具有统一性，又具有多元区域性发展的特点，并且不断在多元文化汇集交融中得到新的勃兴、转化，从而具有更强大的文化辐射力。

在人类社会进入信息化的今天，在日趋开放、交流渠道和机会越来越多的今天，我们更要具备交流开放的文化态度，在世界范围内了解不同的文化民俗、礼仪风尚，大力促进文化的交流，求同存异，从而相互理解相互尊重，达到世界文化的共同和谐发展。

3. 选择扬弃的文化观念

文化民俗不是一成不变的，随着社会的发展，文化民俗不断扬弃，不断发展。从历史发展看，一方面，一种文化对他种文化的吸收总是通过自己的文化眼光和文化框架来进行的，也就是要通过自身文化屏障的过滤，多半是取其所需而很少全盘移植；另一方面，新的文化对过去文化的接受也不大可能原封不动地照搬。一种文化被继承后，往往不会再全盘按照原来的轨迹发展，而是与当时的社会经济状况相结合，产生出新的、甚至更加辉煌的文化结晶。选择扬弃是文化发展必须的，也是唯一的途径。

中国传统文化，是一个蕴含丰富的复合体，其中既有优秀的文化精华，也存在着历史局限。中国传统文化牢固地把自然、人类社会和人的个体行为扭结在一起，把自然现象与社会现象互作验证，使得个人与社会统一，人与自然统一，家族与国家同构，表现出个人、家庭、国家不可分割的一致性，具有强烈的伦理意识与审美倾向。中国文化民俗中的伦理道德内容丰富，但也良莠并存，存在伦理性过强、过于功利的缺陷，在一定程度上妨碍了独立开放的文化特质的形成。

中国的传统文化，着重于从整体的、运动的、联系的观点去认识事物，不仅强调事物之间相互对立，还着重事物相互依存、相互影响和相互协调。将"道"作为宇宙万物的总规律，揭示事物之间的相互关联、相互影响的普遍联系，便于提纲挈领、统观全局。但这种思维方式太过笼统抽象，模糊了不同类别事物之间的本质差异，妨碍了对于具体事物、局部细节进行缜密入微的精确分析；妨碍了对客观自然世界的探索。

在走向现代化的今天，我们要以批判继承、选择扬弃的文化观念，科学辩证地对待本民族文化遗产和外来文化的输入影响，体现出充分的历史意识、民族意识、时代意识、世界意识，推动民族文化的创新发展。

思 考 题

1. 文化的构成要素有哪些？
2. 什么是文化的基本特征？
3. 民俗的含义是什么？
4. 文化民俗的基本功能有哪些？
5. 如何理解文化民俗的时代特点？

第3章
中国文化礼仪常识

中华民族是现今中国境内由华夏族繁衍而来的汉族及55个少数民族的总称。中国文化,指的是中华民族在东亚大陆广袤的土地上创造的文化。中华民族的文化在数千年的历史发展过程中,能吸收其他民族的外来文化因素,具有兼容并蓄、多元并存、不断发展的特点。在人类文化史上,中国文化以其博大精深、源远流长、绵延不绝、多姿多彩而独具特色。

第1节 中国传统文化的特点

中国传统文化是中华民族在中国古代社会形成和发展起来的比较稳定的文化形态,是中华民族智慧的结晶,源远流长,博大精深。中国的传统文化在中国文化礼仪的形成过程中起着决定性的作用,它不仅记录了中华民族和中国文化发生、演化的历史,而且作为世代相传的思维方式、价值观念、行为准则、风俗习惯,渗透在每个中国人的血脉中,制约着今日中国人的行为方式和思想意识。

1. 人伦为本的社会规范

在中国文化观念中,人始终是宇宙万物的中心、万物的主宰。所谓以人为本,就是指以人为考虑一切问题的根本。人在自然界具有崇高的地位,强调人本位,将天、地、人三者并列。对于"天"的概念,孔孟认为"天道"即"人道","天道"实际上也是人类社会道德秩序的体现。尽管历代帝王都有隆重的祭天仪式,但就其实质来看，还是为了强调君权神授。中国文化具有超越宗教的情感和功能，具有重人伦、轻自然的价值取向，人本主义可以说是中国文化的基本精神。

在中国人的生活里，宗法道德观念才是维系整个社会的根本纽带。长期以来，中国人的行为准则并不是遵循某个神的意志，而是要合乎儒家所提倡的人伦规范，具有鲜明的道德伦理倾向。

中国古代社会，是以血缘关系为纽带联结起来的宗法社会，这种社会组织形式是由原始时代以父系家长制为核心的血缘组织演化而来的。在宗法社会里，每个人都按照血缘的亲疏被固定在社会组织的网络之中，各司其职，各安其分。人与人，人与社会组织，以及社会组织之间，都以血缘关系为联结纽带，以血缘观念作为情感交流的心理基础。在政治结构上，宗法社会的首要特征是家国同构：家庭是国家的缩影，国家则是家庭的扩大；国家关系、君臣关系不过是家庭关系、父子关系的伸延；对家长的孝和对君王的忠互相沟通，并在维护政治统治和协调社会秩序的职能上统一起来。这样，人与人、人与社会组织之间的关系被伦理化、感情化。社会以人伦为本，注重人事。人们都习惯于生活在温情脉脉的伦理纱幕之中，钟情于对现实人际关系的把握。

正是在中国文化突出的人本精神和伦理倾向的浸润下，中国的文化礼仪从内容到形式无不体现出鲜明的人伦规范，从先秦"三礼"（《周礼》《仪礼》《礼记》）中对礼仪内涵、规则、仪式的阐述，到两汉经学家、宋元理学家对礼仪的解释，无不体现着以人伦规范文化礼仪的特点，同时也形成了根深蒂固的文化礼俗观念，渗透进中国人的思想意识和生活方式中。

在民众日常的生活习俗中也深刻地体现着这种人伦规范的印迹。如北方常见的四合院居住方式，就体现了尊卑不同、长幼有序的习俗和礼仪特点。四合院采用封闭式的环形结构，用高厚的围墙，把住宅与外界屏隔开来，从形式上体现了家族的排他性。四合院的中心建筑是堂屋，这个最大最好的堂屋，通常不住人，而是作为整个家族权力的象征，中间供奉祖宗牌位，并且是家族会议的议事所。堂屋周围的侧房和厢房，才是住人的房间，辈分较高者住在右侧（古人尚右），辈分较低者住在左侧。四合院把家族作为一个独立的血缘单位、经济单位与外部社会隔离开来，从而强调了家族内部人伦关系的一体性。

2. 务实入世的处世态度

中华民族聚居的地区属于湿润半湿润的大河大陆型。黄河、长江等大河哺育着这片广阔的土地，为我们的先民从事精耕细作的农业生产提供了条件。千百年来，炎黄子孙生长作息于此，把土地当作自己的命根子，在一代代面朝黄土背朝天的岁月中，人们期盼起居有定、耕作有时，祈求天下太平、丰衣足食，养成了一种安土乐天、踏实诚恳、敦厚笃实的民族性格，一种根植于农耕经济的厚实土壤的务实精神和积极入世的处世态度。

农业的"春耕夏耘秋收冬藏"的规律，要求人们脚踏实地，不违农时，循序渐进，在此基础上形成了"一分耕耘，一分收获"、重实用重实际轻幻想的务实精神和思维定式。"大人不华，君子务实"，先秦儒家主张"知之为知之，不知为不知"，知人论世，反对生而知之；法家反对"前识"，注重"参验"，强调实行，推崇事功；道家主张"知人""自知""析万物之理"，这些都是求实精神的表现。

儒家思想在中国文化礼仪的形成中有着相当大的影响，入世精神是儒学的基本精神，把"立德、立功、立言"作为人生价值的实现目标，立足于实实在在的现实世界，走的是"经世致用"的道路，强调的是关注现实的务实精神。

实用理性的发达，使中国传统文化具有实用文化的特色，在天学、农学、医学等应用学科领域成就突出，重经验直觉，实际而功利。在文学艺术、民俗礼仪等领域也是如此，儒家的"诗教说"强调的是文学的社会作用，强调用诗歌的手段来反映社会生活，干预社会生活，对世风礼仪进行规范，有很强的实用功利色彩。在中国的寺庙中，往往宗教色彩并不浓郁，缺乏庄严神秘的宗教氛围，仪式仪规的设置也是热闹而世俗，有着非常实际功利的色彩，三教并列，佛道与神仙齐飨，一切都为了现世的保平安、增财富、添福寿。

3. 和谐圆满的生活信念

"贵和谐，尚中庸，求圆满"是中国文化的重要特点。

中国传统文化把宇宙自然的和谐、人与自然关系的和谐以及人际关系的和谐作为理想目标。农业社会靠天吃饭，在天人关系上，不强调其对立的一面，而强调其同一的一面。所谓"天人合一"，就是要协调人与自然的关系，达到和谐圆融的境界。孔子说："礼之用，和为贵"（《论语·学而》），孟子说："天时不如地利，地利不如人和"（《孟子·公孙丑下》），都是将和谐作为最好的秩序和状态，是处理天人关系的最高理想追求。

与对和谐境界的追求相一致的，是贵和尚中的中庸观念。《礼记·中庸》："喜怒哀乐之未发，谓之中；发而皆中节，谓之和。中也者，天下之大本也；和也者，天下之达道也。致中和，天地位焉，万物育焉。"以中为度，中即是和，"持中"就能"和"。中庸观念认为如果宇宙万物和人类社会不偏不倚，各安其位，就能够达到"和"的最佳状态，也就是人生和社会的最佳境界。达到"和"的途径和方式，就是谨守"中庸之道"，以"持中"的方法作为实现和保持和谐的手段，而"中"又是以"礼"为原则的。凡事不强调分别与对抗，而是主张"天下百虑而一致，殊途而同归"（《易传·系辞下》），即有理性、有节制、不过分、不逾越，谨守礼仪规范，平和中正。强调个人与社会的和谐，个人必须服从社会、群体的利益，否定个体的独立意识，将个人融化于群体之中。

孔子还提出了"和而不同"的主张，认为各种不同质的事物和谐地融合在一起，才能产生出新的事物。倡导不同派别、不同类型、不同民族之间思想文化的交互渗透，兼容并包，多样统一。这对于中华文化包容性的形成有很重要的影响。

和谐的理念在文化礼仪上的体现便是追求圆满，在中国文化民俗中"圆"是一个非常有意味的文化符号，岁时节令、吉祥物中很多都是与"圆"联系在一起的。比如，正月十五吃元宵（汤圆），中秋节食月饼，除夕之夜的团圆饭，都寄予了人们对吉祥团圆的期盼。不仅如此，圆满无缺还表达了中国人的价值观念，表达了中国文化中追求富足安宁、和顺圆融的意趣。在礼仪习俗仪规的设立上充分地体现了这种偏好，比如在婚礼仪式中，事事都求圆满，以圆满为吉祥，以此表达对新人的祝愿。

4. 整体直观的思维方式

不同民族的文化背景与实践行为造就了不同的思维习惯和表达方式，古代中国人经常采用观物取象的方式，以整体思维、直观类比的方法来观察了解自然，表达对宇宙社会的看法。由此形成了中国传统文化中整体直观的思维表达方式。

整体直观的思维方式以日常生活为经验基础，从宇宙一体的整体观念考虑问题，用直观的方法把天、地、人看作是一个和谐的统一体，强调人与自然的和谐及人自身的和谐。

整体思维、直觉体悟和辨证思维的特点孕育了中国古代科技的灿烂文明。与西方科学注重分析不同，中国传统科学重整合，重从整体上把握事物，重事物的结构、功能和内在联系。最能体现中国科技整体观的是中医以及气功养生理论。人们经过长期的观察实践，逐渐认识到人的身与心是一个整体，并形成了形、气、神三位一体的整体观。

直观整体的思维方式对中国古代文学艺术的影响也是极其巨大而深远的。无论是中国传统诗文还是书法绘画，都倾向于整体的直观体验，重视领悟和经验感觉，讲究意象和意境，以心物交融为至高境界，追求空灵蕴藉、虚实结合、形神兼备的美感韵味。

第 2 节 人生礼节仪式

诞生、成年、结婚、丧葬，在人一生中每一个重要的阶段，都有相关的礼仪习俗。有关人生的礼仪习俗往往凝聚着民俗文化的精华，是民俗文化非常重要的组成部分，也是我们了解民俗文化的最好切入点。

1. 诞生礼

诞生日，是人生的开端。诞生礼，是人生的开端礼，体现了对人生开端的美好祝福。我国有关诞生的礼仪源远流长，从远古时期的生育神话，到民间一系列千奇百怪的祈子习俗，以及诞生之后的庆贺礼节，无不显示出人们对新生命到来的欣喜和重视，以及对长命、长寿的期盼。同时，中国古代的诞生礼也很突出地显示出重男轻女的特点，历来以生男的仪式为重，生女则一切从简。

（1）三朝礼

古代往往将新生儿诞生仪式放在新生儿出生后的第三天，故又俗称"三朝""洗三"。这是婴儿出生后的重大仪式之一，是家族为新生儿进行第一次洗沐的仪式，具有祛灾保生的祝福之意。

"洗三"礼仪始于唐代，唐代皇太子都要行洗三礼。宋代以后流行于民间，通常外婆家要送喜蛋、十全果、挂面、香饼作为贺礼。由于"洗三"具有一定的卫生保健的意义，我国各地以及各民族多有此习俗，形成了一定的"洗三"仪式。洗浴用的水非常讲究，往往用艾叶、槐叶等煎就，用温热的药汤洗沐婴儿，边洗边祝词，以驱灾避瘟。宋代在行三朝礼时还要为婴儿行"落脐灸囟"的仪式，表示新生儿已经脱离孕育状态，正式开始了人生之途。

在小儿洗沐完后，为答谢前来庆贺的亲朋好友，还要宴请宾客，举行"汤饼会"或"汤饼筵"。所谓"汤饼"就是汤煮的面食。"汤饼会"除了汤饼之外，还有酒肉佳肴，有钱人家还会扎彩棚、挂灯笼、请戏班唱堂会。而客人则必须在宴席上对新生儿说些祝福的吉利话。

如今，"洗三"仪式随着现代妇幼医学保健的普及，已经很少见到。

（2）满月礼

婴儿出生满1个月的时候，通常要举办满月仪式，举家庆贺。过满月，是庆祝"家有后人""添丁之喜""足月之喜"，是诞生礼仪中非常重要的环节。

婴儿满月那天，大户人家要在门前搭彩棚，院内则摆设茶座，正厅作为礼堂，红毡铺地，要点上红烛，放上供品，供奉"满月全神"。来贺喜的亲朋好友要送上刻有麒麟送子图案以及吉祥祝词的各色礼物、礼金。

办满月仪式时，还要行满月剃发礼。此礼由外婆家赠礼，布置礼堂，请剃头匠给小孩剃去胎发，剃下的胎发都由父母收藏起来，有的挂在床头，认为有镇邪之用。主人要用供品酬谢剃头匠。剃发后小孩穿上新衣，与亲友见面。要设宴祝贺，富裕人家还要请戏班唱堂会，为前来贺喜的亲友助兴。

（3）百日礼

百日礼是民间为出生100天的小孩而举行的一种庆贺仪式，又称"百禄"，流行于部分少数民族地区。回族也叫"赶百路子"，祝福孩子一生中走宽阔的道路，奔远大的前程。

"百"含有"圆满""完全"之意，因此贺礼常以"百"入其名，如"百家衣""百家锁"（也称"长命锁"）"百岁馍"等，取其"百禄""百福""长命百岁"之意。就规模仪式而言，简朴的只摆几桌酒席，宴请亲朋好友。而大户人家讲排场的就要在门前挂彩灯，院内搭棚，在正厅设礼堂，红毡铺地，红烛照耀，左右陈列亲朋祝贺所送的各种礼品，还要大摆宴席，设筵庆贺。

（4）周岁礼

周岁生日，是孩子诞生后第一个、也是非常重要的一个生日。民间往往在孩子周岁时要举行"抓周"仪式。这是在周岁之时预测孩子的性情、志趣、前途与职业的民间纪庆仪式，又称"试晬""试周""试儿"。家长通常在桌子上放些纸、笔、书、算盘和纸制生产工具等，任其抓取，以预测孩子将来的志向。如抓取纸、笔，预示将来喜读书；抓取算盘，预示经商；抓取生产工具，预示耕田劳作等。届时亲朋都要带着贺礼前来观看、祝福。无论抓到什么，亲友们都会借题发挥，夸奖孩子。主人家要设宴招待。这种宴席上菜重"十"，须配以长寿面，菜名多为"长命百岁""富贵康宁"之意，要求吉庆、风光。

《红楼梦》第二回也有关于"抓周"的描写："（宝玉）那年周岁时，政老爷便要试他将来的志向；便将那世上所有之物件，摆了无数，与他抓取。谁知他一概不取，只把些脂粉钗环抓来。政老爷便大怒了，说：'将来酒色之徒耳！'因此便不大喜悦。"

现代社会"抓周"的习俗仍有流行，只是所抓之物，丰富了许多，如用计算器、辞典、手机等取代了原先的笔砚算盘等，可见传统的望子成龙的思想在现代人的观念中仍然存在。

2. 成年礼

成年礼也称"成丁礼""成年式"，是为承认年轻人具有进入社会的能力和资格而举行的人生仪礼。

我国传统成年礼称为冠礼、笄礼，可以上溯到夏、商两朝，完备于周朝。先秦的成年礼以服饰改变为其最大特征，而其中最特别的即是头上的冠、笄，因此男子成年礼称为"冠礼"，女子则称为"笄礼"。《仪礼》是现存记载先秦各项礼俗最完整的经典，详载各种国家社会礼仪及个人与家庭礼仪，其中有对冠礼、笄礼的详细记载。

（1）冠礼

先秦一般是男子20岁行冠礼。在男子20岁时，由主持仪式者为男子戴三次帽子，称为"三加"，分别为"缁布冠"（布做的帽子）"皮弁"（皮做的帽子）"爵弁"（据说是没有上沿的冕，色似雀头赤而微黑，用于祭祀），象征冠者从此有了治人的权力、服兵役的义务和参加祭祀活动的资格。传统冠礼中还有"命字"，即由嘉宾为冠者取正式的字号，冠者从此有了正式的名和字。行礼当天，主人需邀请亲朋好友来观礼才算正式。

《礼记·冠义篇》："故冠而后服备，服备后而容体正、颜色齐、辞令顺。"因此，冠礼的主要目的是通过先缁布，次皮弁，次爵弁，凭借服饰外在的改变，使人的言行举止越来越从容尊贵，合乎礼仪。

（2）笄礼

"男子二十而冠，女子十五而笄"。女子在15岁许嫁之时举行笄礼，结发加笄（笄是古人用来盘束头发的饰物，后世称为"簪"），也要取"字"。结发是将头发梳成发髻，盘在头顶，以区别童年时代的发式，表示从此结束少女时代，可以嫁人了。女子到了20岁，虽然还未许嫁，也要举行笄礼，表示今后要以成人相待。

笄礼的规模比男子冠礼要小得多。依照《朱子家礼》中所记载的笄礼程序，笄礼时要先迎宾，宾主就位后，笄者面东正坐，正宾面向笄者高声吟诵祝辞，然后跪坐为笄者梳头加笄；接着笄者行拜礼，接过醴酒，象征性地舔尝后洒在地上做祭酒；然后笄者接受父母聆训，并行跪拜礼；最后笄者向所有观礼者作揖表示感谢。笄礼至明代时废而不用，民间女子婚嫁时将头发挽束成髻，用簪子固定，与婚前发式明显不同，这也算保留了些许笄礼遗风。

秦汉以后的成年礼仪，大多遵守《仪礼》的规范进行，直至唐宋以后，成年礼已逐渐形式简化，部分成年礼仪式举办大多依附着民间信仰而流行。

（3）民间成年礼

成年礼是为承认年轻人具有进入社会的能力和资格而举行的人生仪礼。在世界上许多原始民族中，成年礼是一个人由个体走向社会的一道必不可少的程序，有的过程十分隆重而且带有考验的性质，在我国一些少数民族的成年礼仪中还有比较明显的保留痕迹。

客家人无论年龄大小，一旦要结婚了，男加冠、女挽髻就算是成年人，具备了结婚的资格。过去客家人流行早婚，男8~14岁成婚，女14~18岁成婚的现象很普遍，所以十一二岁的小男孩就算是成年人，是十分平常的。

云南宁蒗的彝族地区的成年礼是换裙礼；云南宁蒗彝族自治县永宁纳西族女子、男子则分别行穿裙子、穿裤子礼；云南西双版纳布朗族行报告礼；云南麻栗坡瑶族行"度戒"礼；藏族女子行戴巴珠礼。

我国台湾高山族男子16~19岁举行的成年礼仪，包括斋戒、长老训示，举行赛跑、歌舞、宴会等活动。台湾地区东部海岸、中央山脉高山族各支系都有此风俗，但仪式的内容、年龄各有差异。

（4）现代成人仪式

成人仪式教育活动是共青团组织近年来在16~18周岁青少年中倡导开展的一项公民素质教育活动。每年都有大批的学生踊跃参加这项活动。

按照我国宪法和法律的有关规定，一个年满16周岁的公民将领取居民身份证，在犯罪时将负完全刑事责任；年满18周岁则意味着步入成年，将依法享受全部的公民权利，同时依法承担全部的公民义务。18周岁是成人的重要标志和生活的新起点。16~18周岁是成人预备期，是一个从未成年向成年转变，身心发生质变，世界观、人生观、价值观初步形成的关键阶段，有的教育家曾称之为人的"第二次诞生"。成人仪式教育活动正是针对这一年龄段的青少年而开展的。

我国目前开展的成人仪式教育主要包括公民意识教育、成人预备期志愿服务、成人宣誓仪式三个环节。公民意识教育主要是利用年满16周岁领取居民身份证的契机，通过开设公民教育课、法制课等形式，使青少年掌握宪法和法律的有关知识，懂得公民应具有的权利和义务。志愿服务主要是组织16~18周岁青少年参加一定时量的社会公益劳动，使他们在服务社会的实践中增强对国家、社会、家庭的责任感，培养履行公民义务的意识和能力。成人宣誓仪式主要是组织年满18周岁的青年举行面对国旗宣誓的仪式，地点一般选在具有纪念意义的地方，主要程序是升国旗、唱国歌，面对国旗宣誓，领导勉励，前辈祝愿，发表成人心声，颁发成人纪念物等。三个环节有机联系，形成了一个相对完整的过程。

3. 婚礼

婚礼，在古今中外都被认为是人生仪礼中的大礼，但对其的认识则古今大不一样。古人认为，家族和血统的延续，是做晚辈不容推卸的重任，即所谓"不孝有三，无后为大"，因此，把婚姻之礼放在一个很重要的地位。婚礼和婚姻制度有密切联系，从一个侧面反映了人们的文明教化程度。

中国最初的婚礼形式大约始于原始社会末期，从相传始于伏羲时代的定婚"以俪皮（成对的鹿皮）为礼"逐渐演进，到夏商时的"亲迎于堂"，再到周代完整的"六礼"，初步奠定了我国传统婚礼的基础。后世的婚礼在各种异族文化的交流中有所发展，也融合了不少新的习俗，使各种各样的婚礼仪节更趋繁缛、热闹。

（1）传统婚礼

《礼记·昏义》中的"昏"，原文作"昬"，得名于先民的亲迎礼，此礼于黄昏时进行，此时，日月渐替，含有"阳往阴来"之意，讲究天人合一的华夏先民选择了这样一个微妙的时刻，巧妙地诠释了婚义，同时也给这个仪式带上了神圣虔敬的情愫。后来，"昏"字加上了"女"字偏旁写成了"婚礼"。周代是礼仪的集大成时代，逐渐形成了一整套完整的婚姻礼仪——"六礼"，其中包括纳采、问名、纳吉、纳征、请期、亲迎六个礼仪环节，《仪礼》中对此有详细阐述，从此成为华夏传统婚礼的仪节规范，流传至今。

我国传统婚礼大约分为婚前礼、正婚礼、婚后礼三个阶段。

1）婚前礼。婚前礼是在婚姻筹划、准备阶段所举行的仪节。先秦时，包括纳采、问名、纳吉、纳征、请期五种，后代在民间又逐渐演变出催妆、送妆、铺房等仪节。

①纳采。纳采是男方向女方正式求婚的第一步。在双方约定进行"纳采"礼的这一天，男家派出的媒使手捧一只活雁作为贽见礼物，到女家求婚。用活雁作为贽礼，即取雁为候鸟，秋南飞而春北归，来去有时，从无失信，作为男女双方信守不渝的象征；又取雁飞成行，止成列，以明嫁娶必须长幼有序，不能逾越的意思。后来也有用羔羊、白鹅、合欢、胶漆等作为贽礼。

②问名。男家征求女家同意后，接着进行问名仪节，以便回来后占卜男女是否相配，联姻是吉是凶。问名一般问的是女子的姓名、排行、出生年月日及时辰等，发展到后世，称换庚帖。这一过程也相当于订婚。

③纳吉。男方问名后,要以龟甲来占卜男女双方生辰八字,若得到吉兆,将占卜吉利的结果,派使者带着雁到女方家报喜,正式确定婚约,亦即是订婚。仪式如同纳采。纳吉之后,婚姻就算正式确定了。后世民间将纳吉叫做合婚,就是把男女双方的生肖及生辰八字合一下,看生肖是否相克,八字是否相配。

④纳征。纳征礼在婚姻"六礼"中非常关键,订婚之后,男方要给女方送上聘礼,故称"完聘""大聘"或"过大礼"。周制婚礼的聘礼取其象征意义,不像后世那样看重经济价值,主要包括五匹帛(黑色三匹,红色二匹)和俪皮(成对的鹿皮),以此象征阳奇阴偶、配偶成双的意思。但到了后世,聘礼的内涵就要实际多了,还包括饰物、绸缎、牲畜或现金等物。隋唐聘礼固定为九种,有合欢、嘉禾、阿胶、九子蒲、朱苇、双石、棉絮、长命缕、干漆等,各项物品皆有祝福夫妻爱情永固的意义。纳征以后,婚姻进入正式准备阶段。

⑤请期。男方用占卜确定成婚的吉日后,请媒人带着大雁到女方家通告,征求女方同意,定下成婚吉日。

⑥催妆、送妆、铺房。这三项仪节在先秦文献中未见记载,是后代在婚礼的演变中发展出来的。催妆,是男家派人携礼催请女家及早为新娘置妆的仪节;送妆,是亲迎前数日,女家派人将嫁妆送至男家的仪节;铺房,是女家派人至男家铺设新房的仪节,有时和送妆同时进行。铺房人必须是福寿双全、家境富裕的"好命婆",以取吉祥。现代有些地方还流行此风俗。

2)正婚礼。正婚礼是婚礼的正式仪式。包括以下几个部分:

①亲迎。亲迎是新郎亲往女家迎娶新娘的仪节,是正婚礼的开始,也是古今婚礼中最为繁缛隆重的仪节。按照周制,亲迎之日,新郎先接受父亲的赐酒,一饮而尽,而后动身去迎娶自己的新娘。女方家长在家庙设筵,在门外迎新婿,新婿以雁做贽礼,彼此揖让登堂,女婿再拜。新郎出了家庙门,把新娘坐车驾好,照顾新娘上车。然后新郎亲自驾着马车,让车转三圈,才把马车交给车夫,自己乘坐另一辆马车走在前面。到了家门口,新郎先下,将新娘迎进家门。

亲迎风俗流传到后世,多以花轿、喜车、彩船等迎娶新娘,新娘的结婚礼服多为绣有龙凤图案和彩饰的凤衣凤冠,垂下丝穗以遮面,也有以红巾一帕、纸扇一把遮面的。当新郎亲迎来到女方家时,新娘往往哭哭啼啼不肯上轿,新娘的亲友则要当众试才——请新郎赋诗,新郎在当场吟诵了"催妆诗"后,新娘方能起身上轿。上轿前,女家先使一妇人手持灯或镜子向轿中照一下,谓之"照轿"。近代,花轿起轿后,女家在门口泼上一盆水,原意是认为水可以涤除污秽,后来演变成"嫁出去的女儿泼出去的水"——祈祝女儿出嫁之后和婆家关系融洽,不要被斥退回。花轿在迎归男家的路上，沿路吹吹打打，呈现出一派喜庆景象。花轿迎至男家，邻人乡亲还要索取吉利钱，谓之"拦门"；送亲者以铜钱向空中扬撒，儿童争着去抢，叫做"撒满天星"，另有一人手执花斗，将所盛之谷物、豆子以及金钱、果子等物望门而撒，称为"撒谷豆"。新娘下轿，但双脚不能履地，只能履青布条、毡席或麻袋。古人认为，地与天都是神圣的境界，不得侵犯，而新娘的脚一旦与土地接触，难免会触犯地神。因此，必须铺上毡或席来避免。后来也有女家亲戚中力气较大者抱新娘下轿登床的，演变至今，已成为娘家小舅子抱新娘上轿、下轿。当新娘来到新房门前时，还要从马鞍上跨过去，以示平安。

②拜堂。拜堂是新娘过门后拜见天神地祇、男家祖宗、公婆亲戚及夫婿的仪节。新郎迎请新娘进门后，各执用红绿彩缎结成的同心结的一端，并立在高燃大红龙凤喜烛的堂前，请男家福寿双全的太太，以秤杆或梳子挑去新娘的蒙面巾。新郎新娘先拜天地，然后依次拜见公婆及尊长亲戚。这时，拜与被拜的双方往往要互赠礼物。最后夫妻交拜。礼毕，新人由亲友送入新房。

③酒筵。古往今来，酒筵几乎是每对新婚夫妇行婚礼时必不可少的仪式，流传到今天，"吃喜酒"已成为民间行婚礼的简称。当然，酒筵有繁有简，规模不等，但最主要的意义，则是新郎新娘的婚姻得到了亲朋好友的承认。因此，酒筵是婚礼中最具有社会意义的环节。先秦时代，新郎新娘的酒筵并不和众人在一起，而是在新房中专设一席，新郎新娘在司仪的指挥下，相对而坐，按照一定的程序服用一些饭菜酒食之后即告撤席，时间不长。

④合酒。合酒是以线相连，新郎新娘各执其一，相对饮酒的仪式。在酒筵上，最具有意义的仪式莫过于"合酒"了。酒杯一分为二，象征夫妇原为二体；以线连柄，则象征两人通过婚姻而相连；合之则一，象征夫妇虽两体但却一心。新婚夫妇在酒筵上共吃一鼎菜肴，同喝一杯酒，象征夫妻间互敬互爱、亲密无间。由于这一仪式意义深远，所以后来的婚礼中都少不了这一节目。当然，随着时代的变迁，名称有所不同（后世也称"饮交杯酒"），器皿也有所变化，饮酒的形式也不一样。

⑤"撒帐"和"结发"。秦汉以后，在婚礼酒筵前后，又增加了"撒帐""结发"等仪式。当新郎将新娘迎入新房后，两人一起在婚床帐中按女左男右对坐，随后由前来参加婚礼的女宾或司仪边唱边向帐中抛撒金钱彩果，即所谓"撒帐"。接着，将一些预先从新郎头上取下的头发交给新娘，让她和自己的头发梳结在一起，称为"结发"。此仪式完成后，新郎就从床上下来，到外室接受亲友道贺，招待众人参加酒筵，而新娘则仍然在帐中继续安坐，直到酒筵结束，新郎再度回房为止。

⑥闹房。这是新婚夫妇在婚礼之夜在新房接受亲友祝贺、嬉闹的仪节，民间有

"新婚三日无大小""闹喜闹喜,越闹越喜"的说法。新婚之夜,爱看热闹的人悄悄来到新房窗外,偷听新郎新娘的言语及举动,以此为笑乐。各地的"闹房"有不同的方式、方法,闹的程度也有文雅和粗俗之分,有时闹过了头,往往给主宾双方带来尴尬和不快,但因为它给婚礼增加了热烈的气氛,所以后来的婚礼中往往少不了这一节目。

3) 婚后礼。婚后礼是正式婚礼仪式结束后所行的仪式。主要有以下两种:

①拜见公婆。先秦时,新娘拜见公婆是在新婚的第2天清晨。新娘沐浴后,由礼婆引带着去见公婆。新娘双手捧着盛有枣子和栗子的竹盘,走到公公的坐席前,脸向东行拜礼,然后上前一步,跪坐下,把竹盘摆在席上,公公用手抚一下,站起来回拜,新娘再行拜礼,然后下堂,从女随从手里接过盛有肉干的竹盘,走到婆婆的坐席前,进行如前面一样的仪式。接着,礼婆代替公婆向新娘行一种以甜酒赐给新娘的礼节,新娘再用根据规定准备好的食品向公公婆婆行"馈食礼",以表示公公婆婆的生活,今后要由她来照料。第3天,公公婆婆再以"一献之礼"赐还给媳妇。在公公婆婆和媳妇相互敬酒之后,公公婆婆由西阶下堂,新媳妇由东阶(这是主人的方位)下堂,显示新媳妇已取得了接替婆婆做家庭主妇的资格。

②告见家庙。在拜见公婆后第三个月的某一吉日,新媳妇要到夫家的祖庙行"庙见之礼"——即拜见夫家的列祖列宗,以慰先祖在天之灵。经过这一系列仪式,新媳妇才算正式成为夫家家族中的一员。

(2) 现代婚礼

现代婚礼礼俗较之古代要简洁许多,随着社会经济文化的发展,尤其是城市经济的发展,越来越多的青年选择了现代新型的婚礼仪式。

1) 酒店婚礼。选择星级酒店办终身大事,费用虽然不低,却可以让人美梦成真。首先,酒店宽敞豪华的厅堂,可以给婚礼提供很好的活动空间;其次,星级酒店往往对婚宴提供"全方位服务",有多项优惠,如提供司仪、婚宴策划、免费蜜月套房等。喜宴的菜色和服务符合酒店星级水准,可以让宾主尽欢。这种婚礼形式是目前在城市中较流行的婚礼形式。

酒店婚礼的仪式大致如下:

①主持人宣布典礼开始(奏乐,同时燃放彩炮、放彩球)。

②男女来宾、主婚人、介绍人、证婚人及亲人入席。

③男女傧相引新郎新娘入场。

④证婚人宣读结婚证书。

⑤新郎、新娘行结婚礼,相对三鞠躬。

⑥新郎、新娘交换信物。
⑦证婚人致祝词。
⑧来宾致贺词。
⑨主婚人致谢词。
⑩新郎、新娘谢介绍人、主婚人、证婚人，并一鞠躬。
⑪男女傧相引新郎、新娘到主桌就座。
⑫婚宴开始，奏乐。
⑬新郎新娘依次为各桌宾客敬酒。
⑭礼成，新郎新娘退场入洞房（洞房通常就设在酒店），并欢迎来宾闹洞房。

此类婚宴中常见的仪式还有请新人讲述恋爱的经过，长辈对新郎新娘叮咛祝福，新郎新娘互相盟誓，新郎新娘切开象征婚姻美满的大蛋糕，并倒上喜庆的香槟酒等。

2）一般饭店喜宴。如果婚礼预算不是很高，不摆阔绰讲排场，可以选择经济实惠的饭店来请宾朋喝喜酒。一般饭店场地固然有些拥挤，设施相对也简单些，但策划得好也可以很有气氛，且饭店往往在婚宴菜肴上更容易满足客人的要求。

3）自办式喜酒。一般在新房或双方父母家中操办，这样的酒宴方式有典型的"乡土"风味，可以按乡里风俗，不拘礼节，更具有传统家庭的氛围，邀请的宾客大都为邻居和亲友，场面更为亲切热闹。有些地方往往要喝上好几天的喜酒。

4）花园婚礼。花园婚礼顾名思义是在花园或别墅庭院里举行的婚礼，是户外婚礼中的常见形式。一般需要大量的鲜花来装饰会场，可用鲜花搭建拱形花门和婚礼台，并在花园中摆设供来宾坐的桌椅，也可以直接选择在植物园或花卉园里举行。婚宴一般以自助冷餐会的形式出现，搭建香槟塔和蛋糕台，集优雅的环境和轻松的气氛于一体，深受青年人的喜爱。

5）烛光婚礼。烛光婚礼融汇了中、西式婚礼的特征，使用大量的蜡烛来营造婚礼氛围。婚礼开始时，可由司仪现场指挥，关掉所有灯光，在司仪开场白后，乐队奏婚礼进行曲。现场一片漆黑，在追光灯的引领下，新人步入红地毯，戴着天使翅膀的小花童，托着蜡烛跟随其后。烛光一个一个被点燃，像无数个星星在闪动，场内气氛活跃起来，朋友们掌声祝贺新人开心快乐。由于烛光寓意着爱的火种，充满梦幻，烛光婚礼又叫梦幻婚礼，是一种非常浪漫的婚礼仪式。

6）舞会婚礼。舞会婚礼是热爱音乐舞蹈的新人们喜欢的婚礼仪式，可租用宾馆大厅和舞厅举行，也可在露天花园舞场举行。新郎新娘和宾客一起为婚礼起舞，营造狂欢式的婚礼气氛。餐饮的形式大都采用自助餐，可在舞会进程中穿插进行，随意无拘束。这样的婚礼很洋化、优雅，也很热闹尽兴。

7）水上婚礼。水上婚礼可分为游艇婚礼和水中泛舟婚礼，非常别致浪漫。这种婚礼，最好在晚间进行，可将游船扎上彩灯，或将油蜡点燃漂于湖中，还可燃放焰火，让载着新人的船只航行其间，如梦似幻。在游艇上也可举行冷餐宴会，宴请宾客。

8）空中婚礼。这种婚礼比较另类，更注重两个当事人的感受。可采用热气球、动力伞两种形式，动力伞噪声较大，而热气球则可比较自由地选择在空中的时间，仪式更为多样。这样的婚礼仪式往往更具有纪念意义。

（3）民俗婚礼

中国地域广阔，各地的风俗习惯有很大的差异，反映在婚礼仪式上也有很大的不同。在回归传统的今天，也有不少青年愿意选择民俗婚礼仪式。

以下举例介绍流行于我国台湾地区的民俗婚礼仪式：

1）祭祖。新郎在出门迎娶新娘之前，要先上香，祭拜祖先。

2）出发迎亲。迎亲车队以双数为佳。迎亲礼车行进在途中时应一路燃放鞭炮以示庆贺。

3）吃汤圆。新娘在结婚出发前，要与父母兄弟及闺中女友一起吃汤圆，表示离别；母亲喂女儿食汤圆，新娘要哭。

4）新郎迎亲。礼车至女方家时，会有一男童侍持茶盘等候新郎，新郎下车后，赏男孩红包答礼，再进入女方家。

5）讨喜。新郎与女方家人见面后，应持捧花给房中待嫁的新娘，此时，新娘的女友要故意拦住新郎，提出条件要新郎答应，通过后才得进入，通常都以红包礼成交。

6）拜别。新娘应行叩拜礼与父母道别，并由父亲盖上头纱，而新郎则鞠躬行礼即可。

7）出门。新娘由一位福分高的女性长辈持竹匾或黑伞护其走至礼车，因为新娘头顶不能见阳光（新娘在结婚当天的地位比其他人都大，但不得与天争大）。另一方面也是希望能像这位女性长辈一样，过上幸福美满的生活。注：竹匾上面贴上喜字）。

8）敬扇。新娘上礼车前，由一名代表吉祥的小男孩持扇（扇子上应扎有两个小红包）给新娘（置于茶盘上），新娘则回赠红包答谢。

9）新娘上礼车。在新娘上礼车后，车将开动，女方家长应将一碗清水、白米洒在车后，代表女儿已是泼出去的水，以后的一切再也不予过问，并祝女儿事事有成，有吃有穿。

10) 掷扇。礼车起动后，新娘应将手中的扇子丢到窗外，意谓不将坏性子带到婆家去，扇子由新娘的兄弟拾回，掷扇后必须哭几声，且在礼车之后盖竹筛以象征繁荣。

11) 不说再见。当所有人离开女方家门时，绝不可向女方家人说再见。

12) 燃炮。由女方家至男方家的途中，同样要一路燃放礼炮。

13) 摸橘子。礼车至男方家，由一位拿着两个橘子的小孩来迎接新人，新娘要轻摸一下橘子，然后赠红包答谢。

14) 牵新娘。新娘下车时，由男方一位有福气的长辈持竹匾顶在新娘头上，并扶持新娘进入大厅。进门时，新人绝不可踩门槛，而应横跨过去。

15) 过火盆，踩瓦片。新娘进入大厅后，要跨过火盆，并踩碎瓦片。

16) 进洞房。进洞房要选定时辰，新人一起坐在预先垫有新郎长裤的长椅上，意味着两人从此一心并求日后生男孩。除新郎外不准有任何男人进入洞房。

17) 喜宴。时下颇流行中西合璧式的婚礼，大都在晚上宴请客人，同时举行观礼仪式，在喜宴上，新娘可换下新娘礼服，换上晚礼服，向各桌一一敬酒。

18) 送客。喜宴完毕后，新人立于家门口送客，须端着盛香烟、喜糖的茶盘。

19) 忌坐新床。婚礼当天，任何人皆不可坐新床，新娘更不能躺下，以免一年到头病倒在床上。另外，安床后到新婚前夜，要找个未成年的男童和新郎一起睡在床上。

20) 闹洞房。新婚夫妇婚礼之夜要在新房接受亲友祝贺和嬉闹。

(4) 宗教婚礼

1) 佛教徒婚礼。如新人是佛教徒，可以选择在佛教寺庙举行结婚仪式。一般以佛教形式进行婚礼，新娘可穿龙凤褂、旗袍，而新郎可穿中式长袍或一般西服。

佛教婚礼仪式大致如下：

①婚礼开始，全体来宾入座。

②新郎新娘下跪于证婚法师前，仪式准备开始。

③亲属及来宾全体起立并合掌，佛前唱炉香赞。

④证婚法师上香，新郎新娘随后上香，在唱香赞时随证婚法师拜佛。

⑤新人受礼，合掌恭听证婚法师开示。

⑥证婚法师为新人宣读结婚证书。

⑦新郎新娘面对面站立，新郎替新娘揭开面纱，交拜三鞠躬。

⑧新郎新娘交换信物。

⑨全体来宾起立，证婚法师为新人佛化及祝福。
⑩签署结婚证书，新郎新娘用印。
⑪证婚法师、主婚人及介绍人用印。
⑫新郎新娘各向证婚法师一鞠躬答谢并上香敬佛。
⑬介绍人及来宾致辞。
⑭主婚人致谢词。
⑮新郎新娘顺序向证婚法师、介绍人、来宾及主婚人一鞠躬谢礼。
⑯唱婚礼祝福歌。
⑰礼成拍照留念。
⑱一般会备有素餐或晚宴招待来宾。

2) 天主教或基督教教徒婚礼。如新人是天主教或基督教教徒，可选择于教堂或礼拜堂进行结婚典礼，在庄严神圣的宗教仪式下，由牧师或神父为新人证婚。要于教堂举行结婚典礼，新人需要先向教堂登记。

教堂婚礼仪式及程序大致如下：
①观礼来宾入座。
②招待人员引导女方家长进入会场，新郎及伴郎在牧师或神父陪同下，从圣坛旁边的房间进入会场走至圣坛，同时奏乐。
③神父或牧师领唱，诗歌班进场，并宣告结婚典礼开始，全体来宾起立。
④新娘由家长（一般为父亲）陪同由大门进场，伴娘及花童一同进入会场。
⑤家长把新娘带到圣坛前，交给新郎，女方家长入座，全体来宾入座。
⑥唱诗班高唱有关婚姻的赞美歌曲。
⑦神父或牧师询问在座来宾是否有人反对这场婚礼的，没人反对后，祷告、献诗及证婚。
⑧新人在神及来宾面前，宣告愿意结为夫妇，不论疾病穷困，永结同心。
⑨伴郎及伴娘捧上结婚戒指给新郎新娘，新郎新娘交换戒指。
⑩新郎替新娘揭开头纱，吻新娘；新人彼此握着手，牧师或神父会把手握在新人双手之上，为新人祝福。
⑪牧师或神父献诗或说祝福赞语。
⑫新人向双方家长三鞠躬或献花，再向来宾致谢。
⑬新郎、新娘、证婚人、主婚人及介绍人在结婚证书上用印及签名。
⑭奏乐，新郎居右，新娘居左，一起走出礼堂，伴郎伴娘随其后，家属及其他来宾亦随后退场，礼毕。

⑮新娘在教堂外抛花球给等候的亲友，拍照留念，一般会有茶会或晚宴招待来宾。

(5) 集体婚礼

集体婚礼仪式是一种公益性的社会文化活动，一般由倡议单位或者发起人提出策划方案，并指定承办单位负责实施，采取完全自愿的加入方式。集体婚礼是一种社会文明和进步的标志，党和政府十分提倡这种形式的婚礼。与其他婚礼形式相比，集体婚礼更节约更热闹，也更有纪念意义。通过集体婚礼，新人们可以感觉到社会大家庭的温暖，更具有社会意义。

集体婚礼仪式大致如下：

1) 安排布置场地，包括音响、鲜花、红地毯、环境设施等。

2) 司仪宣布婚礼开始，乐队奏响婚礼进行曲，掌声欢迎新郎新娘们入场。

3) 参加婚礼的新人手挽手走上红地毯入场，新娘手捧鲜花，现场一片祝福喜庆气氛。

4) 主持人介绍参加集体婚礼的新人名单，所有新人向来宾致辞，举办单位领导讲话，承办单位领导讲话，新人代表讲话，小朋友为新人献花祝贺。

5) 证婚人上台为集体婚礼宣读新人结婚证明，新人向来宾致辞，鸣礼炮，乐队奏乐祝贺，向新人们发放集体婚礼荣誉证书和纪念签名礼物。

6) 司仪介绍新人们的恋爱经过。

7) 新人父母们上台，司仪主持拜天地仪式：一拜天地，二拜父母高堂，三拜来宾、夫妻对拜。

8) 新人向父母们敬酒感谢。

9) 父母代表向来宾致辞，所有父母和所有新人合影拍照。

10) 新郎、新娘宣读婚姻爱情誓言。

11) 交换结婚戒指，共饮交杯酒。

12) 开启香槟酒，新人和来宾共同举杯祝贺。

4. 寿辰礼

生日对每个人来说都是相当重要的日子，它代表着年龄的增长和阅历的增加。《尚书·洪范》有云："五福，一曰寿，二曰福，三曰康宁，四曰有好德，五曰考终命。"在这五福中，寿是排在第一位的，有寿就有福，寿辰礼仪正体现了人们对健康长寿的向往。

几千年来，中国人的生日记录方法与西方大相径庭。中国人新的一岁开始于农历新年的大年初一，也就是说除夕过后，每个人就长了一岁。所以新年的辞旧迎新还意味着添岁增寿。过去一般过生日习惯使用农历，所以每个人可以有两个生日，一个农历生日和一个公历生日。中国旧时的生日庆祝一般是对特别小的孩子或者年龄超过40岁以上的人，犹以为老人做寿为主，体现了尊老的文化习俗。

传统生日一般是按虚岁计算。整生日指的是个位数是9或者0的生日，例如59岁、60岁、49岁、50岁等。也有不同的叫法："大庆"指个位逢9的生日如39岁、49岁、59岁、69岁、79岁等；"正庆"指个位逢0的生日如40岁、50岁、60岁、70岁、80岁等。散生日指的是生日个位数是1~8的生日，如51岁、58岁等。

(1) 传统寿庆

做寿，亦称祝寿，是庆贺老人生日的活动。在中国，民间对为50岁以下生日称为"过生日"。从50岁开始，凡岁数逢十的生日，称做寿。

寿分三种：上寿，中寿，下寿。上寿百岁，中寿八十，下寿六十。60岁、70岁、80岁以上老人的寿辰，称"做大寿"。有的地方有"做九不做十"的习惯，即60大寿在59岁做，是为避"十全为满，满则招损"之讳。若父母同庚而合做寿，则称"双庆"。

旧时民间做寿形式大同小异，一般根据家境贫富酌情而定，大部分在家中举行，也有在寺院里做寿的。寿诞前一天，庆寿之家先要设寿堂，称为"暖寿"，由出嫁的女儿负责。要在正厅设寿堂、贴寿字、结寿彩、燃寿烛、宴请宾客。做寿是儿孙主动张罗，不必送请帖。亲戚一般送"四色"寿礼。女婿、外甥要送"八色"或"十二色"。所谓"色"，就是指一种果品或一种菜肴。寿礼中必须有寿烛、寿桃和长寿面。寿烛为红色，长约30 cm，重约0.5 kg，蜡面上印有金色的寿字或松鹤图，上寿时点燃。寿桃又称寿包，是寿诞的主要礼品，传统上要有104只，意谓"出头出脑"。宴请的酒食中必有一样是面条，称为寿面、长寿面，寿日吃面，取福寿绵长之意，以祝寿星延年益寿。前来祝来贺者的贺品多为寿桃、寿幛、寿联。寿日凌晨需祭神，下午寿者着新衣端坐堂中，接受贺者的两揖之拜及贺礼。如遇平辈拜寿，受贺者应起身请对方免礼；若遇晚辈中小儿叩拜，受贺者须给些赏钱。拜寿毕，开筵席，当日的寿筵由儿子负责，寿星老人坐正席首位，众晚辈分别敬酒，还要向四邻分赠寿包、寿面。

庆寿筵可提前，以当年为限，但一过生日，即便是当年，也不能举行寿庆活动。

(2) 现代寿庆

现代社会，随着人们物质水平的提高和人际交往的需要，人们越来越重视庆贺生日，尤其是老人和孩子的生日，也出现了各式各样的生日仪式。

如今做寿庆生，摒弃了古代寿礼仪式的繁缛复杂，诸事从简，讲求礼到心到。现代寿庆仪式的必备之物一般有生日蛋糕和生日蜡烛。近年来，为老人祝寿的方式，增添了现代色彩，如子女陪老人旅游；当地党政领导亲往祝寿、送寿幛、赠礼品、致祝词；老年协会在老人节期间，为当地逢十的老人照相留影、馈送礼物，为百岁老人祝寿；群众业余文艺组织为老人专场演出。一般家庭则往往选择摆生日筵席，宴请宾客，晚辈为长辈赠送礼物。可以选用一份含有健康长寿意义的物品，如设计精美的蛋糕或有纪念性的金贺卡以及健康保健用品等来表达心意。年轻人过生日，往往喜爱以舞会、派对等具有现代感的形式来庆贺。

5. 丧葬礼

丧葬礼，简称丧礼或葬礼，民间俗称"送终""办丧事"。古代为"凶礼"之一。丧葬仪礼，是人生最后一项仪礼，普遍受到人们的重视。

丧葬礼俗包括互相渗透的丧葬礼仪制度与民间丧葬风俗。中国丧葬习俗产生于史前的祖先崇拜，经过先秦时代的制礼作乐，形成了完整而系统的丧礼、丧服制度，在《仪礼》《礼记》等书中有详细的记载。后经历代儒学家根据社会的变迁加以因革损益，以司马光《司马氏书仪》和朱熹《朱子家礼》等书为代表，为后世士大夫所遵奉，并渗透到民间丧葬习俗中，至今影响犹存。在历史发展的长河中，即使具体的形式或内容稍有变通，而中国丧礼慎终追远、视死如生、崇尚厚葬、以礼传孝的精神却一脉相承。

由于传统观念和习俗的影响，特别是宗教等的影响，加上我国民族众多，信仰各异，从而形成了各种各样的丧葬形式和礼仪。

(1) 古代丧葬形式

在我国各民族中，安葬方法多种多样，如土葬、火葬、水葬、天葬、洞穴葬、悬棺葬、塔葬、食葬、瓮葬等。我国古代的丧葬形式主要有土葬、火葬、水葬等几种，其中又以土葬最普遍。采取哪一形式来安葬死者，与该地区的自然环境、居民的生产方式、生活习惯、宗教信仰、意识形态有关系。

1) 土葬。土葬是我国一种比较流行的葬式，从原始社会起，一直流传到现在，至今还在广大农村沿用。土葬一般是用棺木盛尸，在事先选好的墓地挖穴掩埋，其上堆砌坟头作标记，也有不作标记的。土葬在我国大部分地区和民族都以一次葬为主，也有二次葬的。产生二次葬的原因一种是游牧经济，迁居甚多，每当迁徙之时，进行二次葬或多次葬；另一种则是出于某种信仰。

土葬是中原地区汉民族最标准的葬式。因为此地土壤肥沃，人民世代以农为主业，将土地视为生命之本，所以"有地则生，无地则死"（《荀子·天论》）是汉民族最根本的观念。汉代崇尚黄色，实为土色，土又居五行之中位，是一个最稳定、最可靠的基础。因此，人死后埋葬于土中，就是使灵魂得到安息的最好办法。虽然同为土葬，但由于死者身份各不相同，在等级社会中就又分出了各种不同的级别和规格，如帝王要建造陵寝，往往身前就倾其国力，驱使大量民工，日夜苦干，规模宏大。现存秦始皇陵、北京十三陵、河北东陵、西安昭陵、沈阳北陵，都是见证。皇帝以下，依官品而建，官品越高，占地越广，坟也越高。汉代法律规定，列侯坟高四尺，关内侯以下至庶人逐渐减少。唐、宋、元、明、清各朝，对各级官吏坟地的方围、标高都有明文规定。

以埋葬人数而言，远古时曾有集体合葬，这种葬式与氏族组织的存在有关，当个体家庭成为社会的细胞以后，就盛行单人葬和夫妻合葬。

土葬符合汉族人民的生活习惯、宗教信仰，以及慎终追远的伦理情感。然而，对于封建制度来说，土葬也是最有条件表现阶级与等级差别的丧葬形式。因为只有土葬，才有必要建造那些能长久地保存并标志死者生前权势和地位的象征物，比如雄伟的墓体、各种墓碑、石人、石兽、华表和其他附属建筑，这样才能经常在墓前进行各种象征性的活动，既表示生者对死者的追悼之情，又显示了豪华的排场，同时也满足了宗法政治的需要。

2）火葬。由于汉民族重土葬，所以视火葬为异端，汉代以前都是将焚尸作为最大耻辱和最严厉的刑罚之一。燕军围攻齐国即墨，掘齐人家墓，大烧死尸，齐人"望见皆涕泣，俱欲出战，怒自十倍"（《史记·田单列传》）。在这种心理状态下，将自己亲人以火葬为正式葬式，自然难以想象。

在少数民族中，火葬由来已久，先秦时代在边远地区就存在火葬习俗。南宋江南地区由于地少人多，火葬之风更为盛行。明、清两代，仍然将火葬视为丧伦灭理的行为，因而禁止。实际上，火葬的出现和盛行，与汉民族内部的生产方式、生活条件、宗教信仰，以及伦理价值观的整体变动紧密相关。

3）天葬。天葬又名露天葬或鸟葬、风葬。在少数民族中这种葬法较多，特别是在藏族地区。在青藏高原过去多有裂尸于野以饲兀鹰的仪式：人死后，覆以衣被，献以酥油，请喇嘛念经、烧糌粑，出殡时用马驮尸至喇嘛寺，在专设的分尸台上割尸投肉以做鸟食，称之为"归天"。也有将死者置于高山之巅，听凭鹰隼之类猛禽啄食。采用天葬这种葬式的民族，多以游牧山地为生，其神话传说也往往与猛禽大鸟有关。

4）水葬。水葬是中国古代存在于南方一些少数民族中的丧葬形式，它是将死者投于水中，任其沉浮漂流。奉行这种葬式的民族，一般都生活在深谷大河之畔，以水为生，以鱼为食，他们视江河为自己生命的源泉与归宿，并往往具有与水神有关的美丽神话。《南史·扶南国传》曾记载该地"国俗"，"死者有四葬：水葬则投之江流，火葬则焚为灰烬；土葬则瘗埋之，鸟葬则弃之中野"，将"水葬"列为四法之首，可见他们的生活方式定与水有关了。

除此之外，还有"洗骨葬"，据赵翼《陔馀丛考》记载"江西广信府一带风俗，既葬二三年后，辄启棺洗骨使净，别贮瓦瓶内埋之"，据说是因为这样能长久保存骨骼。近年在福建武夷山区，还发现一种独特的"船棺葬"，据考证，可能是古越人的习俗。

（2）传统葬礼

以土葬而言，各民族各地区都有许多独特的风俗，具体程序和每一程序所含内容有很大差异，但作为丧葬仪礼的主题都基本相同：一是表现生者的哀悼；二是怀念死者生前的功德；三是超度亡灵，使死者的灵魂得以安息；四是通过信仰和禁忌仪式，免除生者对死者的惧怕心理和寄托对于死者的美好愿望。

我国古代对于人的死亡看得很重，因此很早就出现了一些繁复而严格的礼仪，来表达对死者的悼念和对其进入"另一世界"的祝福。我国先秦的一些文献，记载了周代华夏族贵族中丧礼的详细情况。其主要的程序有：

1）复，招魂之礼。

2）殓，入棺之礼。

3）殡，停棺之礼。

4）葬，下葬之礼。

从初终、复魂到小殓、大殓、朝夕哭奠、殡葬、葬后等共有几十项礼仪仪式。

后代中国汉族的葬礼大体上沿袭了先秦丧礼的这些程序和仪式，但古代丧礼亦同其他礼仪一样具有强烈的等级制色彩，同时由于先秦丧仪实在太繁复、琐碎，故而后世普通居民中的丧礼一般都作了许多精简。此外丧礼的一些细节，也随各代风俗的变化而有所增改。如汉族丧礼中还普遍加入了做"斋七"（每七天设斋会追荐死者一次，共七次）的内容。

按朱熹所撰《文公家礼》（又称《朱子家礼》）中的丧礼仪式，其大致程序为：

①送终。长辈弥留之际，子孙必须到场送终，如果父母死时子女不在身边，不仅亲友责其不孝，子女也会感到终身遗憾和愧疚。死者气绝（"初终"）后，要立即

烧纸钱，称为"落气纸"；在死者头前或脚后点上油灯或蜡烛，称"指路灯""长明灯"。家中应及时确立丧主等经办丧事的人员。

②戴孝。亲属按与死者关系的亲疏穿戴孝服，所谓"五服"分为斩衰、齐衰、大功、小功、缌麻五种，而实际生活中多披白色头巾，以头巾之长短、系头巾之麻线的粗细和颜色来分别，但统称之为披麻戴孝。鞋则用白布覆盖，根据辈分点缀一点红绿。

③报丧。亲属一面派人购制棺木（一些有条件的老人生前就已置办了寿材），一面通知亲友前来参加葬礼。一般人家口头通报，富家大户发讣告，讣告有一定格式。

④小殓。小殓即正式为死者穿入棺的寿衣，是第二日的主要仪式。亲人长子要为死者沐浴，谓之"净身"。净身有"前三后四"，即用湿毛巾在死者胸前抹三下，背后抹四下，穿戴寿衣寿帽，并在其右手放入一根棍棒或柳树枝，上串一只烧饼，称"打狗棒"。在死者身上覆衾，脸上则覆盖白布。

⑤设祭，哭丧，守灵。葬礼时一般停尸半天到3天不等。亲人晚辈要披麻戴孝于灵前，把酒（斟酒）祭奠，行跪拜礼，要痛哭。然后亲友佩戴白布，把酒祭奠。夜晚要"燎于中庭"，即彻夜燃灯火于庭中，通夜守灵。

⑥吊唁。亲属要派人赴告于死者的上司、亲戚、朋友等，然后这些人便分别先后亲自或派人前来吊唁。吊唁时，死者家属要有一套繁琐的礼节对吊唁者予以迎送，并且还要在室中"哭"。吊唁者则须向死者赠送衣被，这个仪式称为"禭"。

⑦入殓。也即"大殓"，俗又称"入棺"。移尸棺内，以草纸、石灰、草木灰垫底，再以死者衣着充实棺内，以防尸体移动，还要盖以红被，设奠。大殓后，宾客继续纷纷来致悼，主人设祭堂，早晚奠，一一迎送，举行奠仪，接受亲友吊丧，如此直至下葬前止。在家中办理这些事情的同时，派人外出择定墓地，挖好墓穴。

⑧出殡。一般是死后第三日方可出葬，如逢春节，要延过元宵，此外逢七、逢九亦不宜葬。棺木一般有八人抬，路远的还要有八人替换。棺木出门时要摔碎一只碗或钵。出门后前面有人高擎铭旌开路，丢纸钱，次为仪仗、各种纸扎、乐班，由孙子、外甥扛着引魂幡，然后是牵缆持丧棒的孝子，后面是棺木，子孙女眷、亲戚朋友依此跟进，一路丢纸钱，鸣放爆竹，响以大锣，配以吹鼓手，徐徐向墓地前进。

⑨下葬。棺停墓穴旁，先用稻草烧墓穴，谓之"暖井"，有的还杀一只公鸡将鸡血洒在墓穴周围。棺木放在墓穴后，孝子先撒一把土，然后土工填埋，堆成新坟。三天后亲人再至墓地上坟添土，称为"复三"或"复山""复土"。

人死至七日称"头七",然后逢七日有"二七""三七"以至"七七"或"十七"。

死去的亲人入葬后,孝子要供灵守孝。守孝人1个月内不能剃头,不参加外面喜庆活动。守孝一般为3年,3年孝满除服。每年清明节、中元节、过年(年前)都要祭奠死者和祖先。

以上多为贵族富家所行葬礼。由于阶级差异和贫富差别,民间虽沿袭推行,但一般都进行了俭省,比较简朴。

孔子说:"三十而立,四十不惑,五十耳顺,六十知天命,七十古稀。"人到了80岁以后就是高寿了,为高寿的老人办丧事,有寿终正寝之意,所以这个年纪去世的人的葬礼也叫喜丧,会着意营造悲喜难分的特殊氛围。将人生最大的悲事——死亡,与人生最大的喜事——结婚,合称为"红白喜事",这也是中国民俗文化的一个独特现象。

(3) 现代追悼仪式

追悼仪式是指为逝者举行的追忆、告别活动,应本着庄严、肃穆、隆重而不铺张的原则。礼厅是举行追悼会的场所,礼厅的布置应体现庄严、肃穆的气氛,并充满人情味。现代丧事活动中,送花圈、花篮是人们悼念死者、表示哀思最普遍的方法。常用的花篮、花圈有鲜花制、纸制、绢制、塑料制品等。接到报丧的消息,参加或无法参加追悼会的人都可以送上花篮、花圈表示哀悼。在追悼会上,礼仪主持人是串起整个仪式的主要人物,从追悼会开始到结束的每一项程序都是由礼仪主持人来宣布进行的,因此礼仪主持人应具有一定的文化水平,不紧张,不怯场,讲话得体,仪表端庄。

追悼仪式的主要程序有:

1) 由礼仪主持人宣布追悼会开始。

2) 默哀、奏哀乐。

3) 致悼词。

4) 宣读唁电、唁函。

5) 由家属致答谢辞。

6) 全体肃立,向逝者遗体或遗像三鞠躬。

7) 瞻仰遗容(奏哀乐)。

8) 向遗体告别(奏哀乐)。

9) 追悼会结束。

第3节 节庆礼仪习俗

丰富多彩的传统节日,反映了中华民族长期形成的丰富而深厚的文化习俗,体现了物质生产与日常生活的传承习惯,体现了人们的宗教信仰、传统礼仪、迷信禁忌,为每一个人所反复经历,在社会生活中有着牢固坚实的基础,是传统文化、道德观念和民族历史的浓缩体现。

1. 节庆的由来与发展

节日是按照一定的历法或季节顺序,在每年特定的时间或季节举行的仪式或庆典,被用于庆祝、纪念、重演、预演某些有关农事的、宗教的或社会文化的重大事件。

节日的起源与人类的起源同样古老,其发展受到食物、生产经济形式强有力的制约。中国的悠久历史造成了节日内涵的多层次复杂性,建立于传统农业社会之上的价值观念和思维方式对我们今天所见的节日的基本面貌有着决定性的影响。

节庆习俗的形成发展,在我国主要有三条重要途径:一是农事祭祀节日习俗;二是宗教节日习俗;三是民族传统节日习俗。

中国是农业国家,素称"以农立国",农事生产活动自古以来就在社会生活中占据了相当重要的地位。农耕活动所具有的周期性的生产方式导致先民产生人与宇宙自然一样有秩序循环运行的观念,在节日习俗中盛行的土地崇拜、生殖崇拜、祖先崇拜、鬼神崇拜都与此有一定的关联。因为农事活动而形成的二十四节气是岁时节令的基础,与民俗传统节日的关系异常密切。立春、立秋、夏至、冬至等节气本身就是重要的节日,在古代往往与祭祀四时节令的庆典相融合。例如,清明节,古代又称三月节,最早是农事的重要节日,这个节气是最好的耕种、蚕桑时令,以后与前一两日的寒食节合并,又带上祭祀亡灵、扫墓郊游的习俗。

道教和佛教是对中国节日文化影响显著的两大宗教。道教吸收了中国古老的民间宗教成分,并在佛教的影响下日益完备,它的本土性使之易于为广大民众所接受。佛教虽是外来宗教,但在传入中国后经过适当地改变教义与神灵,从而与中国的社会文化相融合。尽管两大宗教各有其独特节日,如道教的上元节、中元节、下元节,佛教的盂兰盆节、腊八节等,但相比之下,佛教对中国节日的影响更大,几乎渗透到了各个民间传统节日习俗中。

中国地域广袤，各民族都有自己丰富独特的民族传统节日习俗，而且随着民族交往的增多，以及各民族之间文化的传播融合，节日习俗也相互影响渗透，呈现出多种民族民俗杂糅一体的特点。比如，清明节射柳的习俗起初是辽代宫廷中的求雨仪式；元、清两代的节日礼仪中也有萨满教和藏传佛教中某些仪式习俗的影响。

节日习俗礼仪的形成过程，大都经历了从粗糙的、直接的祈求转化为间接的、更为精致的仪式性象征活动的过程，节日的性质也往往随着流行发展而由目的单纯的、单一性质的节日发展成为内涵复杂的、综合性质的节日。

2. 主要节日及习俗

（1）春节

农历正月初一是古代的新年，又称新正、元日、正旦、元旦、元正、岁朝、年朝等。自从汉武帝时代编定的"太初历"将它作为古代官方法定的岁首以来，这个节日一直是一个辞旧迎新的重要节日。

辛亥革命采用公历纪年后，习惯将公历一月一日称为元旦，而将农历正月初一称为春节。

春节是民间最隆重的传统节日，一般从农历腊月最后一天（除夕）起至正月初五。

大年初一，开门大吉，先放爆竹，叫做"开门炮仗"。爆竹声后，碎红满地，灿若云锦，称为"满堂红"。这时满街瑞气，喜气洋洋，预示着新年的红火。男女老少都穿上节日盛装，先给家族中的长者拜年祝寿，长者则给来拜年的小辈压岁钱。有些地方习俗是初一起床时不催喊，在堂中撒零钱，任由孩子们早起而拾。这一天一般不动菜刀，不扫地，并说一些吉利的话。

春节里的一项重要活动，是到亲朋好友和邻里家祝贺新春，称为拜年。汉族拜年之风，汉代已有。新年的初一，人们都早早起来，穿上最漂亮的衣服，打扮得整整齐齐，相互拜年，恭祝新年大吉大利。初二、初三开始是走亲戚、看朋友的高峰，拜年活动要延续很长时间，直至正月十五元宵节左右，所以有"有心拜年，寒食未迟"的笑话。随着时代的发展，拜年的习俗亦不断增添新的内容和形式。现在人们除了沿袭以往的拜年方式外，又兴起了贺卡拜年、礼仪电报拜年、电话拜年以及手机短信拜年等新方式。

春联也叫门对、春贴、对联、对子、桃符，它以工整对偶、简洁精巧的文字抒发人们美好的愿望。过年贴春联的习俗，大约始于一千多年前的后蜀时期，人们在桃木板上刻上神荼、郁垒的名字，认为这样做可以镇邪去恶，这种桃木板后来就被叫做"桃符"。唐朝以后，又把秦叔宝和尉迟恭两位唐代武将当作门神。到了宋代，人们开始在桃木板上写对联，一则不失桃木镇邪的意义；二则表达人们的美好心愿；三则装饰门户，以求美观。在象征喜气吉祥的红纸上写对联，新春之际贴在门窗两边，用以表达人们祈求来年福运的美好心愿。

此外，春节贴年画的习俗在城乡也很普遍。年画是我国一种古老的民间艺术，反映了人民朴素的风俗和信仰，寄托着他们对未来的希望。浓黑重彩的年画给千家万户平添了许多兴旺欢乐的喜庆气氛。

春节的节令食物中，有不少是有吉祥寓意的。北方地区在春节有吃饺子的习俗，饺子的做法是先和面，"和"字就是"合"，饺子的"饺"和"交"谐音，合和交有相聚之意，又取更岁交子之意。饺子因为形似元宝，过年时吃饺子，也带有"招财进宝"的吉祥含义。一家大小聚在一起包饺子，话新春，其乐融融。在南方则有过年吃年糕的习惯，甜甜的、黏的年糕，象征新一年生活甜蜜蜜、步步高。

节日的热闹气氛不仅洋溢在各家各户，也充满各地的大街小巷，一些地方还有舞狮子，耍龙灯，演社火，游花市，逛庙会等习俗。这期间花灯满城，游人满街，热闹非凡，盛况空前，直要闹到正月十五元宵节过后，春节才算真正结束了。

正月初五"送穷"，是我国古代民间一种很有特色的岁时风俗。这一天各家用纸造妇人，称为"扫晴娘""五穷妇""五穷娘"，身背纸袋，将屋内秽土扫到袋内，送到门外燃炮炸掉。这一习俗又称为"送穷土"，表达了人们希望在新的一年摆脱贫困的美好愿望。

正月初五祭财神也是很重要的风俗，尤其流行于南方。民间传说，财神即五路神。所谓五路，指东西南北中，意为出门五路，皆可得财。人们在正月初五零时零分，打开大门和窗户，燃香放爆竹，点烟花，向财神表示欢迎。接过财神，大家还要吃路头酒，往往吃到天亮。人们满怀发财的希望，但愿财神爷能把金银财宝带来家里，在新的一年里大发大富。过去春节期间大小店铺从大年初一起关门，而在正月初五开市，正因为正月初五为财神圣日，认为选择这一天开市必将招财进宝。

春节是汉族人民最重要的节日，一些少数民族也有过春节的习俗，满、蒙古、苗、瑶、壮、白、高山、赫哲、哈尼、达斡尔、侗、黎等十几个少数民族都过春节，只是过节的形式更有自己的民族特色，例如苗族在春节期间，初一至初五要"踩花山"，举行热闹的文娱活动。

（2）元宵节

正月十五日，是中国的传统节日元宵节。正月为元月，古人称夜为"宵"，而十五日又是一年中第一个月圆之夜，所以称正月十五为"元宵节"，道教又称为"上元节"。按中国民间的传统，在一元复始、大地回春的节日夜晚，天上明月高悬，地上彩灯万盏，人们观灯、猜谜、吃元宵，合家团聚，其乐融融。

关于元宵节的起源有很多说法，一般认为开始于汉朝，据说是汉文帝时为纪念"平吕"而设。汉惠帝刘盈死后，吕后篡权，吕氏宗族把持朝政。周勃、陈平等人在吕后死后，平除吕后势力，拥立刘恒为汉文帝。因为平息诸吕的日子是正月十五日，此后每年正月十五日之夜，汉文帝都微服出宫，与民同乐以示纪念，并把正月十五日定为元宵节。汉武帝时，"太一神"的祭祀活动在正月十五。司马迁在"太初历"中就把元宵节列为重大节日。

我国民间有元宵节吃元宵的习俗。元宵和春节的年糕、端午节的粽子一样，都是节日食品。吃元宵象征家庭像月圆一样团圆，寄托了人们对未来生活的美好愿望。

元宵节燃灯的习俗起源于道教的"三元说"。道教称正月十五日为上元节，七月十五日为中元节，十月十五日为下元节。主管上、中、下三元的分别为天、地、人三官，天官喜乐，故上元节要燃灯。

元宵节燃灯放火，自汉朝时已有此风俗。唐时，对元宵节倍加重视，在元宵节燃灯遂成为民间流行的习俗，到处张灯结彩，火树银花。除燃灯之外，还要燃放烟花爆竹助兴。

"猜灯谜"又叫"打灯谜"，是元宵节观灯时的一项有趣的活动，大约出现在宋朝。南宋时，首都临安每逢元宵节时制迷猜谜的人众多，好事者把谜语写在纸条上，贴在五光十色的彩灯上供人猜。因为谜语能启迪智慧又饶有兴趣，所以流传过程中深受社会各阶层的欢迎。

元夕之夜，人们都涌到闹市街口观灯游玩，妇女们还有"走百病""走三桥"的习俗。她们结伴而行，或走墙边，或过桥，走郊外，目的是祛病除灾，故又称"烤百病""散百病"。

随着时间的推移，元宵节的活动越来越多，不少地方还增加了耍龙灯、耍狮子、踩高跷、划旱船、扭秧歌、打太平鼓等活动。

(3) 清明节

公历四月五日前后为清明节，是二十四节气之一。在二十四个节气中，既是节气又是节日的只有清明节。清明时节正是春光明媚、草木吐绿的季节，气温升高，雨量增多，是春耕春种的大好时节。

清明节是我国传统节日，也是最重要的祭祀节日，是祭祖和扫墓的日子。扫墓俗称上坟，是祭祀死者的一种活动。汉族和一些少数民族大多都是在清明节扫墓。这一天，家家户户的孝子贤孙都要到郊外祭祖扫墓，人们携带酒食果品、纸钱等物品到墓地，将食物供祭在亲人墓前，为坟墓培上新土，折几枝嫩绿的新枝插在坟上，然后叩头行礼祭拜。直到今天，清明节祭拜祖先、悼念已逝的亲人的习俗仍很盛行。

出游踏青也是清明节的重要节目。清明节时，春回大地，自然界到处呈现一派生机勃勃的景象，正是郊游的大好时光，我国民间长期保持着清明踏青的习惯。扫墓之余，一家大小顺便就在山野间游乐一番，感受春天来临的气息，等到黄昏入暮才回家。踏青时顺手折支柳枝、摘朵野花戴在头上，表现了人们对春天生命复苏的渴望。江淮地区还流行在家门上插上柳枝的习俗。

(4) 端午节

农历五月初五，又称端阳节、午日节、五月节、艾节、端五、重午、午日、夏节。端午节是中国古老的传统节日，始于春秋战国时期，至今已有2000多年历史。

有关端午节的由来与传说很多，其中影响最大的是纪念屈原说。据说屈原在五月初五自投汨罗江，死后为蛟龙所困，世人哀之，每于此日投五色丝粽子于水中，以驱蛟龙。又传，屈原投汨罗江后，当地百姓闻讯马上划船捞救，直到洞庭湖，也不见屈原的尸体。那时恰逢大雨，但人们得知是打捞贤臣屈大夫的尸体时，再次冒雨出动，争相划进茫茫的洞庭湖。为了寄托哀思，人们荡舟江河之上，此后才逐渐发展成为端午龙舟竞赛的习俗。

端午节这天必不可少的活动有：吃粽子，赛龙舟，挂菖蒲、艾叶，薰苍术、白芷，喝雄黄酒。

在许多地方还流行端午节佩香囊的习俗。端午节小孩佩香囊，不但有避邪驱瘟之意，而且五色斑斓的香囊还能点缀服饰，成为端午节的独特风景。香囊内有朱砂、雄黄、香药，外包以丝布，清香四溢，再以五色丝线弦扣成索，做成各种不同形状，结成一串，形形色色，玲珑夺目，是很有节令特色的民间工艺品。

在贵州地区还流行端午游百病的风俗。端阳节这天男女老幼都要穿上新衣、带上食品到外面游玩一天，并在山间田野采集野花香草，晚上带回用水煮后洗澡。当地人称此举为"游百病"或"洗百病"，并认为这样做会使一年内吉利平安。

(5) 七夕

农历七月初七是七夕节，也有人称之为"乞巧节""七桥节"或"女儿节"，这是中国传统节日中最具浪漫色彩的一个节日，也是过去姑娘们最为重视的日子。

七夕节和牛郎织女的传说相关连，七夕坐看牵牛织女星，是民间的习俗。相传,每年的这个夜晚,是天上织女与牛郎在鹊桥相会之时。织女是一个美丽聪明、心灵手巧的仙女,凡间的女子便在这一天晚上对着天空的朗朗明月,摆上时令瓜果,朝天祭拜,向她乞求智慧和巧艺,也少不了向她求赐美满姻缘,所以七月初七也被称为"乞巧节"。

穿针乞巧是七夕中女孩们的节目之一,据说在汉代已经盛行。《荆楚岁时记》中说:七月七日为牵牛织女聚会之夜,是夕,家家妇女结彩缕穿七孔针。看谁先穿过就是"得巧"。也有把"穿针"转为"丢针"的,形式是在七夕夜晚,盛一碗水,放在星光下,然后把绣花针丢入水里,让它漂浮在水面上,星光辉映下的针影,照在碗底,会生出浮动的阴影,变化多端,再依其形状,占卜投针姑娘针绣女红的巧拙。

还有一种游戏节目是七位姑娘互相邀约,结伴在七夕之夜的园庭,各以巾帕遮目,然后仰首向天,面对牛郎织女星,根据所看到的景象来预卜自己的终身大事。

直到今日,七夕仍是一个富有浪漫色彩的传统节日。但不少习俗活动已弱化或消失,唯有象征忠贞爱情的牛郎织女的传说,一直流传民间。所以现在也有把七夕作为中国"情人节"的说法。

(6)盂兰盆节、中元节、鬼节

农历七月十五日为"盂兰盆节",也称"中元节",有些地方俗称"鬼节""施孤""七月半"。

传说去世的祖先七月初会被阎王释放半月,故有"七月初接祖""七月半送祖"习俗。送祖时,要烧很多纸钱冥财,以便"祖先享用"。同时,在写有享用人姓名的纸封中装入纸钱,祭祀时焚烧,称"烧包"。年内过世者烧新包,多大操大办,过世一年以上者烧老包。这一天无论贫富人家都要备下酒菜、纸钱来祭奠亡人,表示对已逝先人的怀念。

"盂兰盆节"是佛教仪式中佛教徒为了追荐祖先而举行的法会。"盂兰盆"是天竺语,是解民倒悬之意。佛经中的《盂兰盆经》以修孝顺历练佛弟子的教意,合乎中国传统中追先悼远的信念。

七月半的习俗除设斋供僧外,还增加了拜忏、放焰口等活动。到了晚上,家家户户还要在自己家门口焚香,把香插在地上,越多越好,象征着五谷丰登,这叫做"布田"。有些地方有放水灯的活动。所谓"水灯",就是一块小木板上扎一盏灯,大多数都用彩纸做成荷花状,叫做"水旱灯"。

(7)中秋节

每年农历八月十五日,是传统的中秋佳节。中秋节,也称"仲秋节""团圆节"

"八月节"等，是我国汉族和大部分少数民族的传统节日，也流行于朝鲜、日本和越南等邻国。农历八月十五是一年之秋中，所以被称为"中秋"。在中国的农历里，一年分为四季，每季又分孟、仲、季三个部分，因而"中秋"也称"仲秋"。八月十五正是月圆之时，月亮比其他几个月的满月更圆，更明亮，所以又叫做"月夕""八月节"。此夜，人们仰望天空如玉如盘的朗朗明月，期盼着家人团圆相聚。远在他乡的游子，也借此寄托自己对故乡和亲人的思念之情。所以，中秋又称"团圆节"。

中秋节起源于我国古代秋祀、拜月之俗。早在三代时期我国就有"秋暮夕月"的习俗。夕月，即祭拜月神。到了周代，每逢中秋夜都要举行迎寒和祭月的仪式。

在唐代，中秋赏月、玩月颇为盛行。北宋时的汴京，每到八月十五，满城人家都要焚香拜月，祈求月亮神的保佑。南宋后，民间流行以月饼作为中秋节令食品相赠亲友，取团圆之义，晚上，还有赏月、游湖等活动。明清以来，中秋节的风俗更加盛行，许多地方还形成了很多特殊的中秋习俗，如香港的舞火龙、安徽的堆宝塔、广州的树中秋、晋江的烧塔仔、苏州石湖看串月、傣族的拜月、苗族的跳月、侗族的偷月亮菜、高山族的托球舞等。

民间的祭月活动非常有趣，朗月当空，人们在院内设上大香案，摆上月饼、西瓜、苹果、红枣、李子、葡萄等祭品，其中月饼和西瓜是绝对不能少的。西瓜还要切成莲花状。人们将月亮神像放在月亮的那个方向，红烛高燃，全家人依次拜祭月亮，然后由当家主妇切开团圆月饼。切的人预先算好全家共有多少人，在家的，在外地的，都要算在一起，不能切多也不能切少，大小要一样。如果家里有孕妇，就要多切一份。

今天，中秋祭月的习俗，已远没有过去盛行，但用月饼馈赠亲友、设宴赏月仍很流行。人们把酒向月，共同庆贺美好的生活，遥祝远方的亲人健康快乐。

(8) 重阳节

农历九月初九是中国传统的重阳节。在《易经》中六为阴数，九为阳数，九月九日，日月并阳，两九相重，故叫重阳，又称重九。九九重阳，因为与"久久"同音，九在数字中又是最大数，因而含有长久长寿之意。九月季秋，也是一年中收获的黄金季节，重阳节也是收获期的丰收节。重阳佳节，寓意深远，人们对此节历来有着特殊的感情。

重阳节的起源，最早可以推到汉初。据说，在皇宫中，每年九月九日，都要佩茱萸，食蓬饵，饮菊花酒，以求长寿。在民间有重阳节登高的风俗，所以重阳节又称"登高节"，相传此风俗始于东汉。唐人有很多登高诗，大多是写重阳节登高的习俗，人们或登高山，或登高塔，秋高气爽、极目远眺、情怀荡漾。

重阳节有吃"重阳糕"的习俗。讲究的重阳糕要作成9层，像座宝塔，上面还作成两只小羊，以符合重阳（羊）之义。有的还在重阳糕上插一面小红纸旗，并点蜡烛灯，这是用"点灯""吃糕"代替"登高"，用小红纸旗代替茱萸的意思。

重阳节赏菊、饮菊花酒的习俗与东晋诗人陶渊明有关。陶渊明隐居田园，嗜酒爱菊，后人效之，遂有重阳赏菊之俗。北宋时的开封，重阳赏菊就很盛行，当时的菊花已经有很多品种。清代以后，赏菊之俗更为盛行，虽不限于九月九日，但仍以重阳节前后最为繁盛，成为重阳节的重要节目。

重阳节插茱萸、戴菊花的风俗，在唐代就已经很普遍。在重阳节这一天插茱萸、戴菊花，可以避难消灾，或佩戴茱萸于臂，或把茱萸放在香袋里面，还有插在头上的。茱萸大多是妇女、儿童佩戴，有些地方男子也佩戴。清代，北京重阳节的习俗是把菊花枝叶贴在门窗上，解除凶秽，以招吉祥，这可以看做是头上簪菊的变俗。

从1989年开始，我国将重阳节定为老人节，更赋予了重阳节敬老爱老的新内涵。

（9）冬至

冬至一般在公历12月22日或23日，俗称"冬节"，在古代是很隆重的节日。在二十四节气中，冬至最受重视，有"冬至大如年"的说法，称之为"亚岁"。从汉代以来，都要举行庆贺仪式，朝廷休假3天，君不听政；民间歇市3天，欢度节日，其热闹程度不亚于过年。

人们认为过了冬至，白昼一天比一天长，阳气回升，是一个节气循环的开始，是一个吉日，应该庆贺。同时，到了冬至，虽然还处在寒冷的季节，但春天已经不远了。这时外出的人都要回家过冬节，表示年终有所归宿。闽台民间认为每年冬至是全家人团聚的节日，因为这一天要祭拜祖先，如果外出不回家，就是不认祖宗的人。

冬至夜是一年中最长的一夜，许多人家利用这一夜，用糯米粉做"冬至圆"，为了区别于后来的春节前夕的"辞岁"，冬节的前一日叫做"添岁"或"亚岁"，表示虽未过年，但大家都已经长了一岁了。

冬至正是严冬季节，人们以食取暖，以食治病，经过数千年发展，逐渐形成了独特的节令美食传统，诸如馄饨、饺子、汤圆、赤豆粥、狗肉、羊肉等都是冬至的节令食品。在北方，每年农历冬至这天，不论贫富，饺子是必不可少的节日饭。谚云："十月一，冬至到，家户户吃水饺。"至今在河南南阳仍有"冬至不端饺子碗，冻掉耳朵没人管"的谚语。也有的地方的风俗是吃馄饨，有"冬至馄饨、夏至面"的说法。吃汤圆也是冬至的传统习俗，在江南尤为盛行。"汤圆"是一种用糯米粉制成的圆形甜品，"圆"意味着团圆、圆满，象征着家庭的和谐吉祥。冬至吃的汤圆又叫"冬至团"，冬至团可以用来祭祖，也可用于互赠亲朋。

（10）腊八节

腊月（农历十二月）最重大的节日是初八日，古代称为"腊日"，俗称"腊八节"。

从先秦起，腊八节就是用来祭祀祖先和神灵、祈求丰收和吉祥的重要节日。传说，佛教创始人释迦牟尼的成道之日也在十二月初八，因此腊八也是佛教徒的节日，称为"佛成道日"。

腊八这一天有吃腊八粥的习俗，腊八粥也叫"七宝五味粥"，最早开始于宋代。每逢腊八这一天，不论是朝廷、官府、寺院还是黎民百姓家都要做腊八粥。到了清朝，喝腊八粥的风俗更是盛行。在宫廷，皇帝、皇后、皇子等都要向文武大臣、侍从宫女赐腊八粥，并向各个寺院发放米、果等供僧侣食用。在民间，家家户户也要做腊八粥，祭祀祖先，合家团聚在一起食用，也馈赠亲朋好友。

腊八粥在古时是用赤小豆、糯米煮成，后来材料逐渐增多。南宋人周密在《武林旧事》中记载："用胡桃、松子、乳蕈、柿蕈、柿栗之类做粥，谓之'腊八粥'"。至今我国江南、东北、西北广大地区仍保留着吃腊八粥的习俗。腊八粥所用材料各有不同，大多用糯米、红豆、枣子、栗子、花生、白果、莲子、百合等煮成甜粥，也有加入桂圆、蜜饯等同煮的。冬季吃一碗热气腾腾的腊八粥，既可口又有营养，确实能增福增寿。

民间流传，腊八粥熬好之后，要先敬神祭祖，之后要赠送亲友，一定要在中午之前送出去，最后才是全家人食用。吃剩的腊八粥，保存着吃了几天还有剩下来的，是好兆头，取其"年年有余"的意义。如果把粥送给穷苦的人吃，那更是积德行善的好事。

（11）除夕

农历一年最后一天的晚上，即春节前一天晚上称为除夕。因常在夏历腊月三十，故又称年三十。除是除旧迎新的意思，一年的最后一天叫"岁除"，夜晚就叫"除夕"。

据《吕氏春秋》记载，在新年的前一天人们要用击鼓的方法来驱逐"疫疠之鬼"，以便新年能够风调雨顺，健康顺利。在这新旧交替的时候，守岁是最重要的年俗活动之一。现在盛行全国各地的守岁习俗，一般认为起源于唐代。除夕之夜，

"一夜连双岁，五更分二天"，家家灯火通明，人们通宵不眠，全家团聚在一起，吃过年夜饭，围坐炉旁闲聊，等着辞旧迎新的时刻，通宵守夜，期待着新的一年吉祥如意。午夜爆竹声不断，有的还要敲锣打鼓，象征着把一切邪瘟病疫赶跑驱走，彻夜不停，在热闹轰鸣中，人们迎来新的一年。

除夕时人们清洗各种器具，拆洗被褥窗帘，洒扫六闾庭院，掸拂尘垢蛛网，疏浚明渠暗沟，到处洋溢着欢欢喜喜搞卫生的欢乐气氛。

除夕前，各家各户都要"扫尘"。按民间的说法，因"尘"与"陈"谐音，新春扫尘有"除陈布新"的含义，其用意是要把一切穷运、晦气统统扫出门。这一习俗寄托着人们破旧立新的愿望和辞旧迎新的祈求。每逢春节来临，家家户户都要打扫环境，干干净净迎接新春的到来。

"年夜饭"是除夕的高潮，除夕之夜，全家人在一起吃"团圆年夜饭"。远在他乡的游子，除非万不得已，再远再忙也要赶回家团圆吃年饭。过去"年夜饭"的饭菜还有许多讲究，煮猪头猪尾（寓做事有头有尾）、公鸡、鱼（寓年年有余），吃葱（寓聪明）、蒜（有算计）、大杂菜（寓团结和睦），米中掺谷（得"谷子多"的吉利话），以熟食祭天地、灶君、祖宗，举家欢聚，尽情吃喝。年饭后年长者要给年幼者发"压岁钱"，年轻人守岁到深夜，零点钟声敲过，竞相燃放烟花爆竹，辞旧迎新。

各地的除夕风俗大致相同，但有些地方的风俗很有特点。例如苏州人除夕守岁时，都要等待从枫桥寒山寺传来的洪亮钟声。当钟声穿过沉沉夜色，传到千家万户时，就标志着新春的来临。无论春夏秋冬，每日半夜正交子时，寒山寺中就会传出这口巨钟的洪鸣，民间称为"分夜钟"，也因为唐代诗人张继《枫桥夜泊》中"姑苏城外寒山寺，夜半钟声到客船"的诗句而著名。直至今天，每年除夕，苏州寒山寺仍遵循着古老的习俗，击钟以分岁。姑苏城乡，到了守岁的最后一刻，会从广播中传出洪亮的寒山寺钟声，报道一年的开始。千家万户听到钟声，爆竹齐鸣，古老的寒山寺钟声成为苏州除夕的象征。

除夕在我国台湾地区不叫除夕，而叫"过年日"。午后，人们在厅堂神龛前上供食物；到了晚上，合家焚香叩拜，然后对长者辞岁；接着是"围炉"，也就是丰盛的年夜饭，一家人围坐一桌，桌上摆满菜肴，桌下放置火盆，红火热闹；年夜饭后，要高燃蜡炬来守岁，儿媳妇为长辈们添富寿，不能早睡，坐得越久，长辈就福寿越长，守岁也就成为了表示孝心的方式。

第4节 少数民族礼仪习俗

中国自古以来就是一个统一的多民族国家,在中华大地上,除了汉族之外,还生活着 55 个少数民族。中国少数民族人口虽少,但分布很广。全国各省、自治区、直辖市都有少数民族居住。他们在长期的繁衍发展中,形成了自己民族独特的生产、居住、饮食、服饰、婚姻、丧葬、节日以及喜好和禁忌等礼仪风俗习尚。

1. 维吾尔族

(1) 概况

维吾尔族人口约有 720.70 万,主要聚居在新疆维吾尔自治区天山以南一带,族源可追溯到公元前 3 世纪过游牧生活的"丁零"人,融合了汉人以及后来迁来的吐蕃人、契丹人、蒙古人,繁衍发展而形成了维吾尔族。维吾尔族有自己的语言、文字,多信奉伊斯兰教,以农业生产为主,兼营畜牧业,尤其擅长植棉和园艺。

(2) 饮食习惯

维吾尔族人以大米、玉米、小麦为主食,喜食瓜果,少吃蔬菜。有的地区的维吾尔族人喜欢边喝奶茶边吃馕,馕是一种用玉米面或面粉制成的圆形烤饼,有时还要加上肉、蛋和奶油。具有民族风味的甜味饭"抓饭"(帕罗)是一种用羊油、清油、胡萝卜、葡萄干、葱和大米做成的,是节日和待客必不可少的食品。肉食以牛羊肉、鸡肉为主,其中烤羊肉串以其独特的民族风味风靡全国,成为各族人民喜爱的街头小吃。他们喜欢奶茶(砖茶煮开后加牛奶)或清茶,还爱喝葡萄酒,且酒量颇大。

(3) 礼貌礼节

维吾尔族人十分注重社交礼仪,平时待人接物,或在路上遇到长者或朋友,习惯把右手按在左胸上,身体前倾 30°,连声问好。维吾尔族人非常热情好客。如果家里来了客人,全家都会出来欢迎,然后女主人会以十分真诚的态度,用盘子端来茶水敬客。维吾尔族人很尊敬长者,走路让长者走在前面,谈话让长者先谈,入座时让长者坐在上座,吃饭先端给长者,小辈在长者面前不喝酒吸烟。

(4) 节庆

维吾尔族的节日大多来源于伊斯兰教,是用回历来计算的。传统节日有肉孜节

（开斋节）、库尔班节（古尔邦节）和诺鲁孜节。

2. 藏族

(1) 概况

藏族是我国历史悠久的民族之一，主要分布在西藏自治区以及与它相邻的青海、四川、甘肃、云南等省的部分地区。藏族有自己的语言和文字，多信仰藏传佛教（喇嘛教）。藏族人以畜牧业为主，有的也从事农业。

(2) 饮食习惯

藏族的饮食习惯比较特殊，主要食品是糌粑，是一种用炒热的青稞或豌豆磨成的炒面。藏族人喜欢的饮料是酥油茶，喜欢的奶制品有酥油、酸奶油渣、奶酪等。牧民一般以牛羊肉和奶制品为主食，不爱吃稀饭、肥肉、蔬菜等。农业区居民也吃大米和蔬菜。大部分藏族人饮酒、吸烟，青稞酒是当地的日常饮酒。他们吃糌粑和肉食品时习惯用手抓着吃。

(3) 礼貌礼节

藏族人互相见面时，习惯伸出双手，掌心向上，弯腰躬身施礼；接待客人时，无论是行走还是言谈，总是让客人或长者为先，并使用敬语，忌讳直呼其名；室内就座，要盘腿端坐，不能双腿伸直、脚底朝人，不能东张西望；接受礼品，要双手去接，赠送礼品，要躬腰双手高举过头；敬茶酒烟时，要双手奉上。

敬献"哈达"是藏族人对客人最为普遍而又最为隆重的礼节，所献的哈达越宽越长，表示的礼节就越隆重。藏族人有对客人敬献酥油茶和青稞酒的礼俗。在迎接和送别客人时，经常要敬用青稞酿成的酒，一边唱歌，一边将"哈达"围在客人的脖子上，同时相互亲切地碰额头，以表示眷恋和祝愿。

(4) 节庆

藏族的节日很多，许多传统节日均与宗教活动有关。

1) 藏历新年。藏历新年（约公历3月初）是最隆重的节日，如同汉族的春节。人们一般从藏历12月初就开始做各种准备，置办年货，家家都要用酥油炸果子。除夕时打扫卫生，在大门上用石灰粉画出象征永恒的符号，表示祝贺吉祥如意。藏族人民能歌善舞，过年期间各地都会表演藏戏，跳"锅庄舞"，举行角力、投掷、拔河等比赛。

2) 雪顿节。雪顿节原意为"酸奶宴"，届时家家都要制作大量的酸奶食用，后来又增加了演藏戏的内容。在雪顿节很多人都要提着酥油筒、茶壶、保温瓶，带上食品到风景优美的地方饮茶喝酒。

3）望果节。望果节是藏族农民欢庆丰收的传统节日，过望果节时要互相宴请并进行各种野餐活动，以迎接秋收。

3. 蒙古族

（1）概况

蒙古族现主要分布在内蒙古自治区，其余分布在新疆、青海、甘肃、辽宁、吉林、黑龙江等省区。"蒙古"意为"永恒之火"。蒙古族别称"马背民族"。蒙古族有自己的语言、文字。畜牧业是蒙古族人民长期赖以生存发展的主要经济。此外，蒙古族还从事加工业、农业和工业。

（2）饮食习惯

蒙古族的饮食大致分为三类：粮食、奶食（又称白食）和肉食（又称红食）。牧区以肉食为主，农业区以粮食为主。肉食中主要是牛羊肉。待客的佳肴有手抓羊肉和全羊席。接待贵宾或喜庆时要摆全羊席，有烤、煮两种，席上有一套特定的仪式。在日常饮食中，蒙古族特有的食品——炒米非常重要，面条和烙饼也很常见。蒙古族每天离不开茶，除饮红茶外，几乎都有饮奶茶的习惯，每天早上第一件事就是煮奶茶。蒙古族的奶茶有时还要加黄油或奶皮子、炒米等，其味芳香可口。蒙古族还喜欢将很多野生植物的果实、叶子、花都用于煮奶茶，风味各异，有的还能防病治病。大部分蒙古族都能饮酒，所饮用的酒多是白酒和啤酒，有的地区也饮用奶酒和马奶酒。马奶酒是鲜马奶经发酵制成，不需蒸馏。每逢节日或客人朋友相聚，蒙古族都有豪饮的习惯。

（3）礼貌礼节

蒙古族人性格豪爽，勤劳勇敢，很讲究礼仪。传统礼节主要有献哈达、递鼻烟壶、装烟和请安等，现今又增加了鞠躬礼和握手礼。蒙古族人见面要互致问候，即便是陌生人也要问好。款待行路人（不论认识与否），是蒙古族的传统美德，但到蒙古族人家里做客必须敬重主人。蒙古族牧民十分热情好客，有客人到来总是走出帐篷迎接，立于门外两侧，将手放在胸部，微微躬身，左手指门，请客人先行。客人就座后，主人按浅茶满酒的礼俗热情敬献奶茶和酒，并将哈达献给客人。客人要一饮而尽，以表示对主人的尊重。

蒙古族人很尊重长者，接受长者赠与的东西，必须屈身去接或跪下一条腿伸右手接。

（4）节庆

1）白节。白节是蒙古族一年之中最大的节日，相当于汉族的春节，亦称"白月",传说与奶食的洁白有关,含有祝福吉祥如意的意思。节日的时间和汉族的春节大致相符。除夕那天,家家都吃手把肉,也包饺子、烙饼。初一的早晨,晚辈要向长辈敬"辞岁酒"。

2) 那达慕。蒙古族每年夏秋季牧闲季节有一年一度的传统"那达慕"大会。"那达慕"在蒙语中有娱乐或游戏之意,除摔跤、赛马、射箭等传统比赛外,现在还有歌舞表演、电影戏曲、体育比赛等各类活动,同时还进行物资交流,成为蒙古族人民喜爱的盛会。

4. 回族

(1) 概况

回族是中国少数民族中人口较多、分布最广的民族。主要聚居于宁夏回族自治区,在甘肃、新疆、青海、河北以及河南、云南、山东也有不少聚居区。回族是回回民族的简称。汉语是回族的共同语言。在边疆民族地区,回族人民还经常使用当地少数民族的语言。

回族有小集中、大分散的居住特点。在内地,回族主要与汉族杂居;在边疆,回族主要与当地少数民族杂居。回族大都分布于水陆交通线上,因此经济文化较为发达。回族主要从事农业,有的兼营牧业、手工业。回族人还擅经商开店,尤以经营饮食业最为突出。

(2) 饮食习惯

回族分布较广,食俗也不完全一致。油香、馓子是各地回族喜爱的特殊食品,是节日馈赠亲友不可少的。回族一年四季早餐习惯饮用奶茶。肉食以牛、羊肉为主。面食是回族人民的传统主食,品种丰富、味道香美。茶是回族人民饮食生活的重要组成部分,既是回族的日常饮品,又是设席待客最珍贵的饮料。西北地区回族的盖碗茶很有名,宁夏回族饮用的八宝茶、罐罐茶也很有特色。

(3) 礼貌礼节

回族人讲究礼节,非常尊重长者,人们相见先互相问好。就餐时,长辈要坐正席,晚辈不能与长辈同坐在炕上,须坐在炕沿或地上的凳子上。回族人也非常讲究卫生,饭前饭后都要洗手。

回族人待客热情,每逢节日等喜庆活动,家里来了客人时,都会把盖碗茶作为待客的佳品,配上馓子、干果等食品。主人敬茶时,客人一般不要客气,更不能对端上来的茶一口不饮,那样会被认为是对主人不礼貌、不尊重的表现。

(4) 节庆

回族有三大节日，即开斋节、古尔邦节、圣纪节。

5. 满族

(1) 概况

满族是一个历史悠久的民族，在古时称肃慎、勿吉、靺鞨、女真。满族主要分布在中国的黑龙江省、吉林省、辽宁省，以辽宁省最多。满族人口在中国55个少数民族中仅次于壮族，居第二位。满族主要从事农业，兼营渔牧业。满族有自己的语言和文字。

(2) 饮食习惯

满族由于生活环境的不同以及与汉族的频繁交流，饮食习惯与汉族有些相似。他们的主食以小米、高粱米、粳米、玉米等为主。萨其玛是具有满族独特风味的点心。满族人普遍有吸烟、饮酒的嗜好。

(3) 礼貌礼节

满族人极讲礼貌、重礼节。他们平日相见都要行请安礼，在路上遇见长辈，要侧身微躬，垂手致敬，等长辈走过再行；不但晚辈见了长辈要施礼，在同辈人中年轻的见了年长的也要施礼问候。亲友相见，除握手互敬问候外，有的还行抱腰接面礼。

(4) 节庆

满族许多节日均与汉族相同，主要有春节、元宵节、二月二、端午节和中秋节。节日期间一般都要举行跳马、跳骆驼和滑冰等传统体育活动。

6. 壮族

(1) 概况

壮族是由古代百越的一支发展而形成的，也是我国少数民族中人口最多的一个民族。壮族主要分布在广西、云南、广东、湖南、贵州、四川等省区，以广西最多。壮族地区气候温和，雨水充足，以农业为主，种植水稻、玉米、薯类等。该地区果品也很丰富，森林面积广阔。壮族妇女擅长纺织和刺绣，所织的壮布和壮锦，均以图案精美和色彩艳丽著称，还有风格别致的"蜡染"也为人们所称道。

(2) 饮食习惯

壮族人主食以大米、玉米、薯类等为主，喜欢吃糯米饭。每逢节日，家家户户都要做一种叫做"五色饭"的糯米饭，吃五色饭是预祝五谷丰登的意思。壮族蔬菜品种比较丰富，常以水煮的方法烹制菜肴，有腌菜的习惯，喜吃腌制的酸食。壮族人普遍喜欢喝酒，自家酿制米酒、红薯酒和木薯酒，度数都不太高，其中米酒是过节和待客的主要饮料。

（3）礼貌礼节

壮族是个好客的民族，过去到壮族村寨任何一家做客的客人都被认为是全寨的客人，往往几家轮流请客吃饭，有时一餐饭吃五六家。客人到家，必在力所能及的情况下给客人以最好的食宿，对客人中的长者和新客尤其热情。壮族人用餐时须等最年长的老人入席后才能开饭；长辈未动的菜，晚辈不得先吃；给长辈和客人端茶、盛饭，必须双手捧给。尊老爱幼是壮族的传统美德。壮族人办事多听从老人意见，路遇老人会主动打招呼、让路，在老人面前不跷腿，不说脏话。壮族人路遇客人或负重者，则主动让路，若遇负重的长者同行，要主动帮助。

（4）节庆

壮族的传统节日主要有"陇端"（壮语为赶田坝之意），相传这个节日已有700多年的历史，节日时客居他乡的壮族人民返乡归寨同亲友团聚。"吃立节"，是广西壮族自治区龙州县、凭祥市一带壮族人民特有的节日。"吃立"壮语意为"欢庆"。"吃立节"期间，人们舞狮子、耍龙灯、唱歌跳舞，热闹非凡。壮族的其他节日与汉族相同。

7. 彝族

（1）概况

彝族是我国具有悠久历史和古老文化的民族之一，主要分布在四川、云南、贵州、广西等地，四川凉山彝族自治州是全国最大的彝族聚居区。彝族以农业为主。畜牧业是主要的副业，手工业生产也比较发达。

彝族有自己的语言、文字。用彝文记载的历史、文学、医药学等许多著作以及流传于民间的口头文学不仅数量多，而且内容丰富。彝族还有自己的历法。

（2）饮食习惯

彝族的主要食物在大部分地区是玉米，次为荞麦、大米、土豆、小麦和燕麦等，常吃的典型面食是荞麦面粑粑。彝族的肉食主要有牛肉、猪肉、羊肉、鸡肉等，喜欢切成大块煮食，俗称"砣砣肉"。彝族喜食酸、辣，嗜酒，有以酒待客的礼节。酒是解决各类纠纷、结交朋友、婚丧嫁娶等各种场合中必不可少之物。民间有"汉人贵茶，彝人贵酒"之说。饮茶之习在老年人中比较普遍，以烤茶为主，彝族饮茶每次只斟浅浅的半杯，徐徐而饮。

（3）礼貌礼节

彝族人性格耿直，朴实、豪爽、热情好客，酒是敬客的见面礼，在凉山只要客人进屋，主人必先以酒敬客，然后再制作各种菜肴，待客的饭菜以猪膘肥厚大为体面。吃饭中间，主妇要时时关注客人碗里的饭，未待客人吃光就要随时加添，以表示待客的至诚。如果主人敬酒客人不喝，则被认为是看不起主人。吃饭时，长辈坐上方，晚辈依次围坐在两旁和下方，并为长辈添饭、搛菜、泡汤。

(4) 节庆

彝族民间传统节日很多，主要节日有十月年、火把节及区域性的节日和祭祀活动。

1) 十月年。十月年是彝族的传统年，多在农历十月上旬择吉日举行。节期5~6天，节日里要杀猪、羊，富裕者要杀牛。届时彝族人盛装宴饮，访亲问友，并互赠礼品。

2) 火把节。火把节是彝族最盛大的传统节日，在每年的农历六月二十四日前后举行，一般历时三天。届时要杀猪宰羊，准备酒肉，祭献祖先，相互宴饮，吃砣砣肉，共祝五谷丰登。火把节的头一天全家欢聚，后两天举办摔跤、赛马、斗牛、竞舟、拔河等丰富多彩的活动。著名的"阿细跳月"是节庆时常跳的一种舞，男奏女舞，充满着热烈、乐观的气氛。入夜后进入节日的高潮，人们高举火把，排成长队，边行边唱，巡游于山冈田野，形成一条长长的火龙，非常壮观。

8. 白族

(1) 概况

白族是我国西南边疆一个具有悠久历史和文化的少数民族，主要聚居在云南省西部以洱海为中心的大理白族自治州。农业是白族的经济形态。白族使用汉字书写，但是有自己的语言。

(2) 饮食习惯

白族以稻米、小麦为主粮，山区则以玉米、马铃薯等作为主食。白族人喜欢吃酸、冷、辣的食物。白族的饮茶习俗也很特别。他们爱喝色似琥珀、清香味醇的烤茶，每天早上和午间各饮一次，小口酌饮而非畅饮。

(3) 礼貌礼节

白族人性格开朗，勤劳朴实，热情好客。每遇客人来访，必先邀入上座，热情款待，对尊敬的客人则以"三道茶"相待，再奉上色味醇美的时新果品，用"八大碗""三碟水"等丰盛的菜肴款待，极其殷勤周到。白族人倒茶一般只倒半杯，倒酒则需满杯，他们认为酒满是敬人，茶满则欺人。

尊敬长辈是白族的传统美德。白族人见到老人要主动打招呼、问候、让道、让座、端茶、递烟；起床后的第一杯早茶要先敬给老人；吃饭时要让老人坐上席，由老人先动筷子；在老人面前不说脏话，不跷腿。一些山区的白族，家庭成员各有比较固定的座位，一般男性长辈坐左上方，女性长辈坐右上方，客人和晚辈坐下方和上方。

(4) 节庆

白族地区节日多、庙会多、歌会多。从春节到正月十八，几乎天天有节日，夜夜耍龙灯。从正月到开秧门的几个月内，月月有庙会，各村各寨都要迎送本主（即本村或本地崇拜的神主），过本主节，非常热闹。此外还有三月街、蝴蝶会、绕三灵、火把节、石宝山歌会等。这些节日、庙会和歌会为青年男女的交往和恋爱提供了极好的机会。此外，和汉族一样，白族也过清明、端午、中元、中秋、冬至等节日。

9. 苗族

(1) 概况

苗族也是中国最古老的少数民族之一，其先祖可追溯到原始社会时代活跃于中原地区的蚩尤部落。商周时期，苗族先民便开始在长江中下游建立"三苗国"。现在苗族主要分布在贵州、云南、湖南、广西、四川、海南、广东、湖北等地，尤以贵州最为集中。苗族的经济生活以农业为主，还经营畜牧业、纺织业。苗族的蜡染工艺已有千年历史。

(2) 饮食习惯

苗族多以大米、玉米、红薯、小麦等为主食，肉食多来自家畜、家禽饲养，四川、云南等地的苗族爱吃狗肉，菜肴喜酸喜辣，苗家酸汤最为著名。苗族人普遍嗜好饮酒，苗族酿酒历史悠久，从制曲、发酵、蒸馏、勾兑、窖藏都有一套完整的工艺。苗族日常饮料以油茶最为普遍，湘西苗族还特制有一种万花茶，酸汤也是苗族常见的饮料。

(3) 礼貌礼节

苗族人待客真诚热情，客人来访，必盛情款待。待客时，男女主人均穿上节日盛装，家中摆上酒席。男人还要到村寨外路旁等候，恭迎客人光临。苗族还常以酒示敬，以酒传情，不同时间、地点，不同的对象，饮酒的礼俗也有所不同，如拦路酒、进门酒、双杯酒、交杯酒等均体现了苗族丰富多彩的酒文化。

(4) 节庆

苗族是一个富有古老文明、讲究礼仪的民族，节日很多，岁时节庆独特鲜明，主要有"苗年""花山节""龙舟节"等节日。

1）苗年。相当于汉族的春节，一般在秋后举行。节日早晨，人们将做好的美味佳肴摆在火塘边的灶上祭祖，在牛鼻子上抹酒以示对其辛苦劳作一年的酬谢。盛装的青年男女跳起踩堂舞。入夜，村寨中响起铜鼓声，外村寨的男青年手提马灯，吹着芦笙、笛子来到村寨附近"游方"（即男女青年的社交恋爱活动），村村寨寨歌声不断。

2）花山节。花山节又叫踩花山，是苗族盛大传统节日，一般在每年农历正月初一、初三、初六这几天举办。凡有苗族聚居的村寨，都要立起花杆，举行隆重的踩花山活动。这既是苗族男女青年欢聚对歌、谈情说爱的好时机，也是苗族人民开展文体娱乐活动的重要节日。苗家男女老少，身穿节日盛装，从四面八方赶到花杆脚下，举行吹芦笙、跳脚架、耍大刀、斗牛、摔跤、斗画眉、爬花杆等活动。

10. 傣族

（1）概况

傣族是一个历史悠久的民族，自称是"傣"，意为热爱和平、勤劳勇敢的人。傣族主要分布在云南省，以西双版纳、德宏两州最为集中。

傣族人民能歌善舞，普遍爱好音乐，流行最广的是"孔雀舞"和"象脚鼓舞"。傣族以种植水稻为主。西双版纳出产橡胶，"普洱茶"驰名中外。傣族地区动植物品种繁多，是有名的"植物王国"和"动物王国"。

（2）饮食习惯

傣族的饮食主要是大米饭或糯米，常吃的主食是竹筒饭。傣族人喜酸，所有佐餐菜肴及小吃均以酸味为主。日常肉食有猪、牛、鸡鸭，不食或少食羊肉，居住在内地的傣族喜食狗肉，爱吃鱼、虾、蟹、螺蛳、青苔等水产品。傣族人嗜酒，但主要是自家酿制的，酒的度数不高，味香甜。茶是当地特产，但傣族只喝不加香料的大叶茶，喝时只在火上略炒至焦，冲泡而饮，略带焦糊味。

（3）礼貌礼节

傣族人民讲究礼貌，尊老爱幼、团结互助是傣族的传统美德。

（4）节庆

泼水节是傣族送旧迎新的传统节日，也是最富民族特色的节日。节日期间的彼此泼水嬉戏，相互祝愿。泼水节期间，还要举行赛龙船、放高升、放飞灯等传统娱乐活动和歌舞狂欢活动。

思 考 题

1. 中国传统文化的特点是什么？
2. 诞生礼主要有哪几种？各有什么特点？
3. 中国传统婚礼中的"六礼"的内容是什么？
4. 现代婚礼仪式中你最喜欢哪种仪式？对婚礼仪式有些什么新的创意？
5. 传统寿庆中主要的仪式内容有哪些？
6. 古代的丧葬形式有哪些？
7. 我国节庆习俗形成的途径主要有哪些？
8. 我国有哪些重要的节日？各有什么风俗习惯？

第4章 外国文化礼仪常识

礼出于俗，俗化为礼。东西方文化都有各自的渊源历史，在礼仪习俗的观念、方式上存在着明显的差别，东西方文化的差异对礼仪产生的影响非常大。在世界日益全球化、民间商业文化交往日益增多、跨国礼仪活动日益频繁的情况下，了解掌握不同国家、地区的文化礼仪习俗，是增进礼仪主持人的文化礼仪素养的重要途径。

第1节 中外文化礼仪的差异

中式礼仪具有重视血缘和亲情，强调共性，谦虚谨慎，含蓄内向，礼尚往来等特点；而西方礼仪则强调个性，崇尚自由，讲究平等，自由开放，简单而务实。这是由不同的地域、历史、宗教等文化因素综合作用的结果。

1. 社会交往方式的差异对礼仪的影响

（1）中国人重人情，在人际交往中往往没有距离感，热情好客，问寒问暖，似乎没有什么隐私可保留的，对于了解有关年龄、职业、收入、婚姻状况、子女等问题，觉得都理所当然。

（2）在西方国家中，特别重视个人的隐私权。个人隐私问题主要包括：个人状况（年龄、工作、收入、婚姻、子女等），政治观念（支持或反对何种党派），宗教信仰，个人行为动向（去何处、与谁交往、通信内容）等。凡是涉及个人隐私问题的都不便直接过问。西方人一般不愿意干涉别人的私生活和个人隐私，也不愿意被别人干涉。

2. 社会习俗的差异对礼仪的影响

（1）在东方文化中，男士往往备受尊重，这主要是受传统封建礼制男尊女卑观念的影响。在现代社会，东方文化也主张男女平等，但在许多时候，男士的地位仍然较女士有优越性，女士仍有受歧视的现象。

（2）在欧美等西方国家，尊重妇女是其传统风俗，女士优先是西方国家交际礼仪中的重要原则。在一切社交场合，每一名成年男子都有义务主动自觉地以自己的实际行动，去尊重妇女、照顾妇女、保护妇女、为妇女排忧解难。这并不意味着女性是弱者要保护，而是像尊重母亲一样尊重女性。比如，握手时，女士先伸手，然后男士才能随之；赴宴时，男士要先让女士坐下，女士先点菜；进门时，男士应先把门打开，请女士先行；上下电梯，女士在前等。

3. 等级观念的差异对礼仪的影响

（1）东方文化等级观念强烈，尽管传统礼制中的等级制度已被消除，但等级观念至今仍对东方文化产生影响。在中国，传统的君臣、父子等级观念仍然根深蒂固。无论是在政府组织、企业部门还是在家族家庭，忽视等级地位就是非礼。另外，中国式的家庭结构使家庭成员之间互相依赖、互相帮助，亲情关系比较密切。

（2）在西方国家，除了英国等少数国家有着世袭贵族和森严的等级制度外，大多数西方国家都倡导平等观念。特别是在美国，崇尚人人平等，彼此尊重。父母与子女可以直呼其名，儿女成年后和父母间的来往一般比较少，家族观念往往比较淡薄。

4. 风俗习惯的差异对礼仪的影响

（1）以右为尊，是整个西方世界的风俗习惯。在基督教国家里，祝福和画十字都是用右手进行；在大多数西方国家的婚礼上，新娘仍然必须站在新郎的左边，以表明妻子相对于丈夫处于从属的次要地位；在阿拉伯习俗中，一切尊贵的事情都要用右手，例如握手或向人介绍时的手势，向阿拉伯人伸出左手是非常不礼貌的行为，甚至会被认为是一种挑衅。

（2）中国由于多民族的原因产生了许多的文化差异，对左右尊位的认识并不相同，漫漫的历史长河折射出了中国人的左右不定。在先秦时代，当时的主流观念是左主吉，右主凶。在中国传统礼仪中，聚餐入座的排序也以左为上。

如今在正式的国际交往中，以右为尊的习俗被普遍认同。依照国际惯例，将多人进行并排排列时，最基本的规则是右高左低，即以右为上、以左为下、以右为尊、以左为卑。大到政治磋商、商务往来、文化交流；小到私人接触、社交应酬，但凡有必要确定并排列具体位置的主次尊卑，"以右为尊"都是普遍适用的。

第2节 国际通用礼仪常识

国际礼仪是指人们在国际交往中所应遵循的各种礼仪以及惯例规则，是在长期的国际交往过程中，已经形成的通行于许多国家间的礼仪规范。随着国际交往中礼仪活动的繁多，了解国际礼仪惯例，能为礼仪主持人的工作增色。

1. 国际礼仪的基本原则

（1）信守时间

在国际礼仪交往活动中，信守时间是用以取信于人的一项基本要求。特别是对于双方之间的约会时间，要明确信守，准时到场是最为得体的做法。一般可采用事先约定的方法。

（2）不碍他人

本原则要求人们在公共场所进行活动时，要顾及环境，讲究公德，礼仪得体；要严于律己，善解人意；要以不妨碍他人为原则，切不可大声喧器，忘乎所以，为所欲为。

（3）距离有度

适度地保持人与人之间的身体距离，是社交礼仪场合中的礼仪规范。人与人之间正常的身体距离大致可以划分为以下四种：

一是私人距离。其距离小于 0.5 m。它仅适用于家人、恋人与至交。因此有人称其为"亲密距离"。

二是社交距离。其距离为大于 0.5 m，小于 1.5 m。适合于一般性的交际应酬，故亦称"常规距离"。

三是礼仪距离。其距离为大于 1.5 m，小于 3 m。适用于会议、演讲、庆典、仪式以及接见，意在向交往对象表示敬意，所以又称"敬人距离"。

四是公共距离。其距离在3 m开外，适用于在公共场所同陌生人相处。它也被叫做"有距离的距离"。

要根据不同的场合情境灵活地、适度地保持与他人间的距离，千万不要随便采用某些意在显示热情的动作，以免造成他人的尴尬，破坏自身的礼仪形象。

(4) 维护隐私

个人隐私，指个人不想告知于人或不愿对外公布的个人情况，包括年龄、工作、收入以及婚姻状况、身体情况等。政治观念、宗教信仰、个人行为动向等也都属于隐私范围。在许多国家，个人隐私受到法律的保护。

(5) 女士优先

女士优先是西方国家交际礼仪中的重要原则。要求每一位成年男子，在社交场合中，要尽自己的一切可能来尊重妇女、体谅妇女、帮助妇女、照顾妇女、保护妇女，并且随时随地义不容辞地主动挺身而出，替女性排忧解难。

(6) 不必纠正

在国际礼仪交往场合，遵守不随意纠正原则，是对对方尊重的体现。各国的文化风俗、礼仪习尚不同，会造成在交往场合的一些失误，对此，只要对方的行为不危及生命安全，不违伦理道德，不损害国格人格，则可以悉听尊便，没有必要予以干涉和纠正。

2. 特殊见面礼节

(1) 脱帽礼

脱帽礼主要在欧美国家运用。男子戴礼帽时，两人相遇可摘帽点头示意，离别时再戴上帽子。有时与熟识的相遇者侧身而过，在问候"你好"的同时，应用手掀一下帽子来致礼。

(2) 合十礼

合十礼主要在印度和东南亚佛教国家通行。行礼时，两掌合拢于胸前，十指并拢向上，掌尖和鼻尖基本齐平，手掌向外倾斜，头略低，神情安详、严肃。合十礼的作用相当于握手。在国际交往中，当对方用这种礼节致礼时，也应同样以合十礼还礼。

(3) 鞠躬礼

鞠躬礼是表示对他人敬重的一种郑重礼节。在我国，鞠躬礼主要适用于庄严肃穆或喜庆欢乐的正式礼仪场合，一般的社交场合有时也会运用。

鞠躬礼的基本姿势是：立正站好，保持身体的端正，以臀部为轴心，上身向前倾斜，目光随着身体的倾斜而自然下垂于脚尖，鞠躬完毕，恢复站姿。目光再移向对方。鞠躬的倾斜度有 90°、45°、15°。90°鞠躬一般用于三鞠躬，属于鞠躬礼中的最高礼节。在日本，鞠躬礼是最常用的礼节，一般的见面都行鞠躬礼。鞠躬礼时，双手搭在双腿上，双手下垂的程度越大，所表示的敬意就越深。

（4）拥抱礼

拥抱礼是国际交往时经常采用的礼节。拥抱时，两人相对而立，右臂偏上，左臂偏下，右手扶着对方的左肩，左手扶在对方的后腰，按各自的方位，两人头部及上身都向左相互拥抱，然后，头部及上身向右拥抱，再次向左拥抱，礼毕。拥抱礼经常在欢迎宾客或表示祝贺、感谢的隆重场合中运用。在官方或民间的各种礼仪仪式中，也常采用这一见面礼节。

（5）亲吻礼

亲吻礼是流行于西方的一种礼节，是上级对下级、长辈对晚辈、朋友之间或夫妻之间表示亲昵、爱抚的一种见面礼。多采用拥抱、亲脸颊或头额、贴面颊、吻手或接吻等形式。在社交场合，见面时为表示亲近，一般女士之间可以亲脸；男士之间可以抱肩拥抱；男女之间可以贴脸颊；长辈可以亲晚辈的脸或头额；男士对尊贵的女宾往往吻一下手背以示尊重。但是行接吻礼时应注意，吻的部位不同，其含义是不同的：吻手表示敬意，它流行于欧美各国上层人士之间。和妇女见面时，如果妇女把手伸出作下垂式，则须将其手指轻轻提起并吻其手背。吻掌表示热望，吻额表示友谊，吻唇表示爱恋，吻颊表示喜欢，吻眼表示幻想。

3. 国际称谓礼仪

在国际礼仪活动中，因为民族、宗教、文化背景、民俗习惯的不同，称谓千差万别。因此，在对外礼仪交往中，既要按照国际上通行的称谓礼仪，同时也要考虑不同的国家称谓习俗，灵活掌握、区别对待、正确称呼。

（1）一般人士

对成年人，均可以将男子称为"先生"，将女子称为"小姐"或"女士"。对于女子，已婚者称为"夫人"，戴上结婚戒指的亦可称为"夫人"。未婚者或不了解其婚否者，均可称之为"小姐""女士"。上述称呼均可冠以姓名、职务、学衔或军衔，例如"汉克斯先生""简妮小姐""州长先生""上校先生"等。

（2）国际商务交往

在国际商务交往中，一般应以先生、小姐、女士来称呼对方，而不按行政职务来称呼。

(3) 政务活动

在政务交往中，常见的称呼除先生、小姐、女士外，还有两种称呼方式：一是称其职务；二是对职务或地位较高者称"阁下"。

称呼职务或"阁下"时，还可以加上"先生"。其组成顺序为：先职务，次"先生"，最后"阁下"。或者职务称谓在先，后加"先生"，例如总理阁下、大使阁下、部长先生等。几个称谓并用常常是对德高望重者、社会名流或政界要人的称呼。而在美国、德国等国，没有称"阁下"的习惯。

(4) 军界人士

对军界人士，可以以其军衔相称。称军衔不称职务，是国际上对军界人士称呼最通用的做法。一般有四种方法：一是只称军衔，如"将军""上校""中士"；二是军衔之后加上"先生"，如"上校先生"；三是先姓名后军衔，如"巴顿将军"；四是先姓名，次军衔，后加"先生"，如"肯尼迪上校先生"。

(5) 宗教人士

对宗教界人士一般可称呼其神职。称呼神职时，一般有三类称法：一是只称神职，如"牧师""主教"；二是称姓名加神职，如"盖尔神父"；三是神职加"先生"，如"牧师先生"。

(6) 君主制国家的王公贵族

对君主制国家的王公贵族，在称呼上应尊重对方习惯。对国王、皇后通常称"陛下"；对王子、公主、亲王等，应称之为"殿下"；对有封号、爵位者应以其封号、爵号相称，如"爵士""勋爵""公爵"等，可称"阁下"，也可称"先生"。有时，还可在国王、皇后、王子、公主、亲王等头衔之前加上姓名，如"伊丽莎白女皇""戴安娜王妃""克劳德王子"等。

(7) 教授、法官、律师、医生、博士

对教授、法官、律师、医生、博士等社会地位较高者，可直接以此作为称呼，也可以在前加上姓名，如"布朗教授"，或在其后加上"先生"，如"教授先生"等。

(8) 社会主义国家或兄弟党的人士

对社会主义国家或兄弟党的人士，可称之为"同志"。除此之外，在对外交往中不能随便以"同志"相称。

第3节 亚洲国家礼仪习俗

1. 日本

（1）宗教信仰

日本几乎全是大和民族，主要信奉神道教和佛教，少数信奉基督教和天主教。日本至今还保留浓厚的我国唐代的礼仪和风俗。

（2）饮食习惯

日本人吃菜喜清淡，忌油腻，爱吃鲜中带甜的菜，不喜爱吃羊肉和猪内脏。传统的日本料理，又称"和食"。日本人普遍爱好喝茶，最具特色的是日本抹茶。

（3）礼貌礼节

日本是一个十分注重礼仪的国家，在日常生活中有许多礼仪规范要遵守。

1）见面礼。在日常生活中日本人习惯互致问候，脱帽鞠躬，表示诚恳、可亲。日本人的一般问候形式是鞠躬而不是握手，初次见面要向对方鞠躬90°，而不一定握手；如果是老朋友或比较熟悉的人就主动握手，甚至拥抱。在日本，遇到女宾，只有女方主动伸手才可以握手。如果需要谈话，应到休息室或房间交谈。如果客人要吸烟，要先征得主人的同意。

2）称呼。在日本，"先生"的称呼，只用来称呼教师、医生、年长者、上级或有特殊贡献的人，如果对一般人称"先生"，会让他们感到难堪。不能用名来称呼日本人，只有家人和非常亲密的朋友才能这样做。称呼"某某先生"要使用他的姓。

3）交往。在日本，初次见面时互递名片已是一种日常礼节，因此很讲究交换的方法和程序。应由主人或身份较低者、年轻人向客人或身份高者、年长者递送上自己的名片；递送时要用双手托着名片，把名字朝向对方以方便阅读。在接待日本客人时，千万要注意将自己的名片准备好，以便适时与对方交换，以示礼貌。日本人重视清洁卫生，几乎每天都洗澡，在交往中，还有请人一起去洗澡的习惯。

4）举止。在许多餐馆里，日本男子习惯盘腿坐在地上，而妇女则跪坐在自己的腿上或把双腿蜷缩在一边。在日本"倾听"不仅被认为是有礼貌的行为，而且还被认为是一种宝贵的经营技能。与日本人对话时，目光要落在对方的颈部，双目相视是失礼的。日本人举起右手抓起自己的头发，表示愤怒和不满。

5）待客。日本人很少在个人家中款待客人，如被邀请到日本人家做客时，要在过厅摘掉帽子与手套，然后脱鞋。习惯上，如果不为女主人带花，便要带一盒蛋糕或糖果做礼物。日本人一般不用香烟待客，当着别人面而自己想吸烟时，通常是在征得对方同意后才行事。

6）服饰。日本人十分注意穿着打扮，平时穿着大方整洁，在正式场合一般穿礼服，男子大多穿成套的深色西服，女子穿和服；在天气炎热的时候，不随便脱衣服，如果需要脱衣服，要先征得主人的同意。日本人认为衣着不整洁便意味着没有教养，或不尊重交往对象。因此，与日本人会面时，不宜穿着随便，尤其不能只穿背心或赤脚。

7）小费。日本不太流行付小费，如果不确定，就不付。如果付小费，则要把钱放在信封里或用纸巾包裹着，日本人认为收现钞是一件很难堪的事。

(4) 商务礼仪

日本人属内向型的民族，他们尊敬的是强者。同他们打交道、做生意，必须多花时间去了解他们的理念和想法，如能建立互信关系，就会有很好的发展前景。日本商人比较重视建立长期的合作伙伴关系。他们在商务谈判中十分注意维护对方的面子，同时希望对方也这样做。日本人的严谨态度是举世公认的，不管是商务会谈，还是社交聚会，都要准时到达。不管家里还是餐馆里，座位都有等级，商务活动的座次更要仔细安排。赠送礼品时，日本人也非常注重阶层或等级，因此一般不要赠送太昂贵的礼品，以免被误认为你的身份比他们高。

(5) 禁忌

日本人大都喜欢白色和黄色，认为吉事礼品应为黄、白色或白、红色；忌绿色和紫色，认为绿色是不祥之兆，紫色具有悲伤的意味。菊花是日本皇族的标志，因此菊花及其图案一般不能用来送礼。荷花有佛教的神圣含义，故不可用做商标，通常用于丧葬活动。日本人送礼时一般送奇数，忌偶数，因其传统习惯以奇数表示"吉、阳"，偶数表示"凶、阴"。"7"是日本人喜欢的数字。赠送礼品时，不要赠数字为"9"的礼物，因为日语里"9"的读音和"苦"一样。"4"的发音和"死"相同，所以在安排食宿时，要避开4层楼、4号房间、4号餐桌等。

2. 韩国

(1) 宗教信仰

韩国是单一民族朝鲜族，以信奉佛教为主。

(2) 饮食习惯

韩国人以米饭为主食，早餐也习惯吃米饭，不吃稀饭；喜欢吃辣椒、泡菜，吃烧烤的时候要加辣椒、胡椒、大蒜等辛辣的调味品。汤是韩国人每餐必不可少的，有时候汤里放猪肉、牛肉、狗肉、鸡肉烧煮，有时候也简单地倒些酱油、加点豆芽。韩国人在用餐时很讲究礼节，不随便出声，不喜欢边吃边谈。

(3) 礼貌礼节

韩国是一个礼仪之邦，有许多日常生活中必须遵守的礼节。

1) 见面礼。若与长辈握手时，要以左手轻置于其右手之上，躬身相握，以示恭敬。用餐时，男子见面，可打招呼，相互行鞠躬礼并握手，但女性与人见面通常不与他人握手，只行鞠躬礼。在韩国，妇女十分尊重男子，双方见面的时候，女性总会先向男性行鞠躬礼，致意问候。男女同座的时候，往往也是男性在上座，女性在下座。进出门时，均是男人走在前面。进屋后，妇女要帮助男人脱大衣。

2) 称呼。很多韩国人养成了通报姓氏习惯，并和"先生"等敬称联用。韩国一半以上居民姓金、李、朴。对长辈说话要用敬语。

3) 交往。韩国人初次见面时，经常交换名片。

4) 举止。韩国人在公共场所不喜欢大声说笑，特别是女性在笑的时候还常用手遮住嘴，防止出声失礼。当着别人的面擤鼻涕被认为是不好的行为。

5) 待客。韩国人待客热情。见面时，一般用咖啡、不含酒精的饮料或大麦茶招待客人，有时候还加上适量的糖和淡奶。如果邀请去韩国人家里做客，按习惯要带一束鲜花或一份小礼物，送礼时要用双手奉上。不要当着赠送者的面把礼物打开。进到室内，要把鞋子脱掉留在门口。

6) 服饰。韩国人注重服饰，在礼仪场合，男子穿西服、系领带，女子则穿西式套裙或韩服。

(4) 商务礼仪

韩国人业务洽谈，往往在旅馆的咖啡室或附近类似的地方举行。大多数办公室都有一处会客用空间。韩国人守时严谨，安排会晤要提前约定，避免迟到。

(5) 禁忌

韩国人忌讳"4"这个数字，认为此数字不吉利，因其音与"死"相同。在韩国没有4号楼，不设第四层。医院、军队绝不用"4"字编号。韩国人在喝茶或喝酒的时候，主人总是以"1""3""5""7"的数字单位来敬酒、敬茶、布菜，并忌讳用双数停杯罢盏。

3. 新加坡

(1) 宗教信仰

新加坡华人占总人口的76.9%，多信奉佛教。印度血统的新加坡人多数信仰印度教，马来血统、巴基斯坦血统的人多数信奉伊斯兰教。马来语为国语，英语、华语为官方语言。

(2) 饮食习惯

新加坡人主食为米饭、包子，不吃馒头；下午爱吃点心，早点喜用西餐。当地华人偏爱中国广东菜。

(3) 礼貌礼节

新加坡华裔在礼仪方面和我国相似，而且还保留了不少中国古代传统，比如见面时相互作揖为礼。印度血统的人仍保持着印度的礼节和习俗，妇女额头上点着檀香红点，男人扎白色腰带，见面行合十礼致意。马来血统、巴基斯坦血统的人则按伊斯兰教的礼节行事。

(4) 禁忌

新加坡人视紫色、黑色为不吉利。黑、白、黄为禁忌色。与新加坡人谈话，忌谈宗教与政治方面的问题，不能向他们讲"恭喜发财"的话，因为他们认为这句话有教唆别人发横财之嫌，是挑逗、煽动他人干于社会和他人有害的事。

4. 马来西亚

(1) 宗教信仰

在马来西亚，人们大多信奉伊斯兰教。

(2) 饮食习惯

受伊斯兰教的影响，大多数马来西亚人喜食牛、羊肉，饮食口味清淡，怕油腻。马来西亚人习惯餐餐吃各种水果。

(3) 礼貌礼节

马来西亚人友好和善，注重礼貌礼节，尊老爱幼，其礼貌礼节规范类似其他信奉伊斯兰教的国家。

(4) 禁忌

马来西亚人忌食狗肉、猪肉，忌讳使用猪皮革制品，忌用漆筷（因漆筷制作过程中用了猪血），忌谈及猪、狗的话题。他们认为左手不干净，故不用左手为别人传递东西。马来西亚人忌用黄色，不穿黄色衣服，忌讳的数字是"0""4""13"。

在马来西亚是禁酒的，因此在用餐时不用酒来招待客人。

5. 泰国

(1) 宗教信仰

泰国华裔泰人有 300 多万，佛教为国教。泰国人大多数笃信佛教，泰国境内遍布着千余座佛教寺庙。

(2) 饮食习惯

泰国人主食为大米。他们爱吃鱼类，但不吃海参；喜欢吃辣味食品；饭后喜欢吃鸭梨、苹果等水果，但不吃香蕉；喜欢喝葡萄酒、橘子汁。他们对我国的川菜及粤菜都非常感兴趣。

(3) 礼貌礼节

1) 见面礼。泰国人的常用礼节是合十礼。朋友相见，双手合十，稍稍低头，互相问好。除非在较为西化的社团里，泰国人一般不握手。行合十礼时，双手举得越高，表示尊重程度越高。在泰国，若有位尊者或长者在座，其他人无论坐或蹲跪，头部都不得超过尊、长者头部，否则是极大的失礼。泰国人也行跪拜礼，但要在特定场合，平民、贵官在拜见国王和国王近亲的时候行跪拜礼。国王拜见高僧的时候要下跪。儿子出家为僧，父母也跪拜在地。把东西扔给别人是不礼貌行为。从坐着的人们面前走过时，要略微躬身，表示礼貌。

2) 交往。在泰国，男女仍然遵守授受不亲的戒律，所以男女不能过于亲近。

3) 举止。泰国人在公共场所很少表露感情。从别人面前经过，特别是从地位较高、年龄较大的人面前经过时要略欠身，弯腰行礼。用左手被认为是"不洁的"，因此，不能用左手拿东西吃或给人传递东西。站着和人交谈，把手插在口袋里是不礼貌的。把手臂搁在旁边有人坐着的椅背上，亲热地拍别人的肩膀或背，都会被认为是不得体的甚至是唐突无礼的行为。用一个手指指点被认为是粗鲁的，只有指物或动物才用一个手指，用下巴或点头表示指人。

(4) 商务礼仪

访问泰国各级政府机构宜穿西装，但商人见面时穿讲究一些的 T 恤衫，系领带即可。拜访大公司或政府部门必须提前预订时间，并持有用英文、泰文和中文对照的名片。在泰国商人面前，显得越谦虚，他们越能很好地与你配合。另外，在泰国进行商务活动，最好携带旅行支票，少用或尽量不用现金支付。

(5) 宗教习俗

在泰国必须尊重当地的教规。对泰国的寺庙、佛像、和尚等作出轻视的行为，被视为是有罪的,拍摄佛像尤其要小心,比如依偎在佛像旁或骑在佛像上面,就会惹出轩然大波。进入寺庙必须赤脚而行。到当地人家做客,如果发现室内设有佛坛,要马上脱掉鞋袜和帽子。

(6) 禁忌

泰国人特别崇敬佛和国王,因此不能与他们或当着他们的面议论佛和国王。泰国人最忌他人触摸自己的头部,因为他们认为头是智慧所在,是宝贵的。在泰国不要踩门槛,根据泰国风俗,那是神灵居住的地方。不要随便用脚指任何东西,不管是站着还是坐着,都不要让脚引人注目,或见到鞋底。泰国人忌讳褐色,而喜欢红色、黄色,习惯用颜色来表示不同的日期。在泰国,人们忌讳狗的图案。

6. 印度

(1) 宗教信仰

印度居民大多信奉印度教,其次为伊斯兰教、基督教、锡克教。

(2) 饮食习惯

印度人喜欢分餐进食,注重菜品酥烂,一般口味不喜太咸,偏爱辣味;主食以米饭为主,对面食中的饼类也感兴趣;不吃菇类、笋类、木耳。信奉印度教和锡克教的人,忌讳吃猪肉、牛肉。他们一般不喝酒,因为喝酒是违反宗教习惯的。但有喝茶的习惯,方式是"舔饮",也就是把奶茶盛在盘子中,用舌头舔着喝。印度人最不喜欢吃大鱼大肉,吃素食的人较多,等级越高,吃荤越少。

(3) 礼貌礼节

1) 见面礼。印度人相见应递英文名片,英语是印度的商业语言。主客见面时,都要用双手合十在胸前致意。晚辈在行礼的时候弯腰摸长者的脚,表示对长辈的尊敬。

2) 交往。许多家庭妇女忌讳见陌生男子,不轻易和外人接触。但如果邀请男人参加社交活动时应请他们偕夫人同来。一般关系的男女不能单独谈话。男子不能和妇女握手。

3) 举止。印度人热情地甚至热烈地拍背部或击掌是表示亲切和友谊的动作。印度人是用摇头表示赞同,用点头表示不同意。人们用手抓耳朵表示自责;召唤某人的动作是将手掌向下摆手指,但不能只用一个指头;指人时也要用整个手掌,不能用一两个指头。在印度,头被认为是身体神圣的部位。因此,不要拍小孩的头,也不要碰年长者的头。印度人习惯用右手拿食物、礼品和敬茶,不用左手,也不用双手。在公共场所吹口哨是非常不礼貌的。

4) 待客。到印度庙宇或家庭做客，进门必须脱鞋。迎接贵客时，主人常献上花环，套在客人的颈上。花环的大小长度视客人的身份而定。献给贵宾的花环既粗又长，超过膝盖，给一般客人的花环仅到胸前。到印度家庭做客时，可以带水果和糖果作为礼物，或给主人的孩子们送点礼品。

(4) 禁忌

印度奉牛为神圣，忌讳吃牛肉，忌讳用牛皮制品。印度人崇拜蛇，视杀蛇为触犯神灵。就餐的时候，印度教徒最忌讳在同一个容器里取用食物，也不吃别人接触过的食物，甚至别人清洗过的茶杯也要自己再洗涤一遍后才使用。印度人忌讳白色，习惯用百合花作悼念品。他们忌讳弯月图案，视"1""3""7"为不吉祥数字。

7. 沙特阿拉伯

(1) 宗教信仰

沙特阿拉伯的正式名称是沙特阿拉伯王国，位于亚洲西南部的阿拉伯半岛上，大部分地区属热带沙漠气候，炎热干燥。全国居民中98%信奉伊斯兰教。境内的麦加是伊斯兰教的圣地，也是世界穆斯林的精神中心。

(2) 饮食习惯

沙特阿拉伯人的主食有面饼、面包、面条等；肉类喜欢吃牛肉、羊肉、鸡肉，不食猪肉；口味上喜欢吃稍甜微辣的东西；饮料方面爱喝驼奶、红茶、咖啡。在拜访沙特阿拉伯人时，主人劝饮的咖啡不可不喝，否则属于失礼。

(3) 礼貌礼节

作为国民基本信奉伊斯兰教的阿拉伯国家，沙特阿拉伯有其独特的礼仪习俗。

1) 见面礼。同沙特阿拉伯人相见，通常互问对方"您好！"随后互相握手。接着问候对方"身体好"。沙特阿拉伯人的姓名通常由四部分构成，依前后顺序分别为本人的名字、父名、祖父名和姓氏。称呼沙特阿拉伯人时，在正式场合应称其全名。需简称时，可只称对方本人名字。但如对方有一定的社会地位，最好以其姓氏作为简称。

2) 交往。在人际交往中，沙特阿拉伯人大都表现得热情友好，落落大方。由于伊斯兰教教规的限制，沙特阿拉伯的妇女极少有人在外抛头露面，且不允许与异性接触。拜访沙特阿拉伯人需预约，但他们赴约时，往往要晚到一会儿。在他们看来，这不是时间观念不强，而是一种"风度"。

3) 服饰。沙特阿拉伯人的穿着打扮与其他阿拉伯国家大同小异。男子的传统服装，是一种宽松肥大的白色长袍，只有在参加丧葬活动时，他们才会穿黑色的袍子。按照伊斯兰教教规，妇女的全身须被黑色长袍和面纱严严实实遮盖起来，仅仅允许露出双眼。

4) 举止。在沙特阿拉伯，人与人的礼貌距离比较小，同性别的人站在一起，比北美人或欧洲人要靠近得多。在街上沙特阿拉伯主人会轻轻抓住男性客人的臂肘或握着客人的手，引导他走过去，并且继续手拉手地走着，这表示友好和尊敬。过多地用手指指点点或者打手势被认为是不礼貌的。沙特阿拉伯人习惯用左手来洁净身体。因此，绝不能用左手拿东西吃，递上礼物或名片，或做其他类似的动作。

(4) 喜好与禁忌

沙特阿拉伯人喜爱绿色和蓝色，他们认为绿色代表生命，蓝色象征希望，两者都为吉祥之色。他们最宠爱的动物是猎鹰。沙特阿拉伯人遵循伊斯兰教教规，禁止偶像崇拜，认为娱乐会令人堕落，与之交际应酬时，切莫谈论休闲娱乐，或邀其参加舞会、去夜总会玩乐等。向沙特阿拉伯人赠送礼品时，忌送酒类、猪皮与猪毛制品、洋娃娃、带有熊猫图案的东西。

第 4 节　欧洲国家礼仪习俗

1. 英国

(1) 宗教信仰

英国英格兰人占 80% 以上，其余是苏格兰人、威尔士人和爱尔兰人等。居民绝大部分信奉基督教，只有少部分人信奉天主教、伊斯兰教。

(2) 饮食习惯

英国人一日三餐并不要求数量，但绝对讲求质量，要求清淡、鲜嫩、焦香，不喜吃辣。英国的"烤牛肉加约克郡布丁"被称为是国菜。英国人普遍喜爱喝茶，尤其妇女嗜茶成癖。"下午茶"几乎成为英国人的一种必不可少的生活习惯，即使遇上开会，有的也要暂时休会而饮"下午茶"。在上层社会，邀请朋友饮茶仅次于设宴，是一种社交方式。他们还喜欢喝威士忌、苏打水，喝葡萄酒和香槟酒，有时还喝啤酒和烈性酒，彼此间不劝酒。英国人习惯到酒吧去饮酒，因此酒吧在英国比比皆是，并成为他们社交的主要场所之一。

(3) 礼貌礼节

英国是绅士之国，讲究文明礼貌，注重修养。同时也要求别人对自己有礼貌。

1）见面礼。英国人见面时对尊长、上级和不熟悉的人用尊称，并在对方姓名前面加上职称、衔称或先生、女士、夫人、小姐等称呼。亲友和熟人之间常用昵称。握手礼是使用最多的见面礼节。初次相识的人相互握手，微笑并说："您好！"在大庭广众之下，人们一般不行拥抱礼，男女之间除热恋情侣外一般不手拉手走路。

2）交往。在待人接物方面，英国人的特点是较为谨慎和保守，讲究含蓄和距离，崇尚宽容和容忍，在正式场合注重礼节和风度，礼貌用语一直挂在嘴边，即使家庭成员间也一样。英国人不轻易动感情或表态。他们认为夸夸其谈、自吹自擂是低级趣味、缺乏教养的表现。英国人行事大都循规蹈矩，强调准时。除了英语外，英国人一般不会用其他语言交往。

3）服饰。英国人注重衣着打扮，穿戴考究，什么场合穿什么服饰都有一定惯例。英国人在正式场合的穿着，显得庄重而保守。男士一般穿三件套的深色西服，女士则穿深色的套裙或素雅的连衣裙。

4）举止。英国人进入房间要脱帽。坐着的时候，男士是把两腿在膝部交叉，而不要跷起二郎腿。女士们则经常在脚踝处交叉两脚。打哈欠时要礼貌地把嘴遮住。在餐馆里要召唤侍者，只要举起手来即可。打手势表示索要账单，需用两只手，像在纸上签名的动作那样。"OK"手势（拇指和食指形成环形），在英、美国家表示"赞同""了不起""真棒"。

（4）喜好与禁忌

英国各民族还有遵循传统的习惯，宜避免老用"English"一词来表示"英国的"。例如，遇到两个商人，一个是苏格兰人或威尔士人，当你说他是"英国人"时，他会纠正你说，他是"苏格兰人"或"威尔士人"，宜用"British"一词，这个称呼能让所有的英国人都能感到满意。英国人忌讳用人像、大象、孔雀作服饰图案和商品装潢；忌讳"3""13"这两个数字；忌讳在他们面前耳语和拍打肩背；忌讳有人用手捂着嘴看着他们笑，认为这是嘲笑人的举止；忌墨绿色，偏爱蓝色、红色与白色，因为它们是英国国旗的主要色彩；忌讳送人百合花，认为百合花意味着死亡。

2. 法国

（1）宗教信仰

法国人大都信仰天主教。

(2) 饮食习惯

作为举世皆知的世界三大烹饪王国之一,法国人十分讲究饮食,用料讲究,花色品种繁多,口味特点香浓味原、鲜嫩味美,注重色、形和营养。法国人爱吃面食,面包的种类很多;他们大都爱吃奶酪;在肉食方面,爱吃牛肉、猪肉、鸡肉、鱼子酱、鹅肝,不吃肥肉和肝脏之外的动物内脏,不吃无鳞鱼和带刺骨的鱼。法国是世界上最著名的葡萄酒和香槟酒的产地,法国人特别善饮,他们几乎餐餐必饮酒,而且讲究在餐桌上要以不同品种的酒水搭配不同的菜肴。咖啡是法国人每日必喝的饮品。

(3) 礼貌礼节

1) 见面礼。法国是世界上最早公开行亲吻礼的国家,也是使用亲吻礼频率最高的国家。一般见面的礼节主要有握手礼、拥抱礼和吻面礼。

2) 交往。法国人谈吐文雅,爱好社交,善于交际。对于法国人来说社交是人生的重要内容,没有社交活动的生活是难以想象的。法国人诙谐幽默天性浪漫,在人际交往中大都爽朗热情。善于雄辩,高谈阔论,好开玩笑,对庸俗下流的举止极为鄙视。法国人自尊心强,偏爱"国货",与法国人交谈时,如能讲几句法语,一定会使对方热情有加。"女士优先"在法国极为盛行,把对女子谦恭礼貌当作生活中教养好坏的标准。

3) 服饰。法国妇女称得上是世界上最爱打扮的人,每天都离不开化妆和美容。在正式场合法国人通常要穿西装、套裙或连衣裙,颜色多为蓝色、灰色或黑色。法国人十分重视服饰搭配,选择发型、手袋、帽子、鞋子、手表、眼镜时,都十分强调要使之与自己着装协调一致。

4) 举止。法国人认为用手和手指指指点点很不礼貌,召唤侍者的时候,只把头略向后仰,口中轻唤侍者。在社交场合不能把脚放在桌子上或椅子上。不能把手插在口袋里与人交谈。"OK"手势在法国某些地区表示"零"或"毫无价值"。

(4) 商务礼仪

与法国人商务会面,可由第三者介绍,也可自我介绍。自我介绍应讲清姓名、身份或将自己的名片主动送给对方。法国人很重视建立良好的人际关系。和法国人谈生意,一定要守时,否则不会被原谅。法国每年八月份由于天气较热,几乎全国放假。

(5) 喜好与禁忌

法国的国花是鸢尾花。菊花、牡丹、玫瑰、杜鹃、水仙、金盏花和纸花,一般不宜随意送给法国人。法国的国鸟是公鸡,是勇敢、顽强的化身。法国的国石是珍珠。法国人大多喜爱蓝色、白色与红色,他们所忌讳的色彩主要是黄色与墨绿色。法国人忌讳数字"13"与"星期五"。

3. 德国

(1) 宗教信仰

德国居住居民绝大多数是德意志人,其中约有一半人信仰基督教,另一半人信仰天主教。

(2) 饮食习惯

德国人最爱吃猪肉,其次是牛肉,以猪肉制成的各种香肠,令德国人百吃不厌。德国人一般胃口较大,不喜欢过于肥浓、辛辣的食品,更忌食核桃。在饮料方面,德国人最欣赏的是啤酒,德国的啤酒享誉世界。

(3) 礼貌礼节

德国人对工作一丝不苟,在社交场合也举止庄重,讲究风度。

1) 见面礼。德国人在社交场合与客人见面时,一般行握手礼。与熟人朋友和亲人相见时,德国人一般行拥抱礼。重视称呼,是德国人在人际交往中的一个鲜明特点。对德国人称呼不当,通常会令对方大为不快。一般情况下,切勿直呼德国人的名字,可称其全称,或仅称其姓,也可称其头衔,对刚相识者尤其不宜直呼其名。

2) 交往。德国人纪律严明,诚信自尊,诚实可靠。他们爱好音乐和体育活动。与德国人相处时,几乎见不到他们皱眉头等漫不经心的动作,因为他们把这些动作视为对客人的不尊重,是缺乏友情和教养的表现。

3) 服饰。德国人注意衣着打扮,外出时候必须穿戴整齐清洁。德国妇女朴素大气,这不光是体现在穿着打扮上,也体现在言谈举止上。男士不宜剃光头,免得被人当作"新纳粹"分子。

4) 举止。德国人常用十指交叉地紧握双手并高举过头顶,表示感谢之意。男士一般走在女士的左边(德国人认为这是浪漫的表示,因为心脏是位于人体的左边),但在街道上,男士走在人行道的外侧。德国人往往用双手握拳,拇指捏在掌心,然后做敲桌子状,表示"祝你交好运"。要特别注意不要做"OK"的手势,因为这个手势在德国被认为是非常粗鲁的。

(4) 商务礼仪

德国人对工作严肃认真,敏于思考、态度明朗。他们时间观念很强,一旦约定时间,迟到或过早抵达都被视为不懂礼貌。德国人谈生意时一般使用商业名片。

(5) 禁忌

德国人认为红色、茶色和深蓝色是不吉利的颜色。蔷薇专用于悼亡，不可以随便送人。另外，德国人非常忌讳在服饰或者其他商品包装上使用纳粹标志。

4. 意大利

(1) 宗教信仰

意大利居民主要是意大利人，90％以上居民信奉天主教。

(2) 饮食习惯

意大利人有早晨喝咖啡、吃烩水果、喝酸牛奶的习惯。酒特别是葡萄酒是意大利人离不开的饮料，不论男女几乎每餐都要喝酒，甚至在喝咖啡时也要掺上一些酒。意大利是世界美食大国，意大利通心面和比萨饼享誉全球。午餐在一天中是最丰盛的一餐，时间一般持续两三个小时。

(3) 礼貌礼节

意大利人热情好客，待人接物彬彬有礼。

1) 见面礼。意大利人在路上见面一般是握手或简单打个招呼，对长者、有地位和不太熟悉的人，要称呼他的姓，加上"先生""太太""小姐"和荣誉职称。

2) 交往。意大利人热情好客，如果被人邀请做客，千万不要拒绝，不然会被视作不礼貌。意大利人交谈的话题一般有足球、家庭事务、公司事务以及当地新闻等，避免谈美式足球和政治。女士受到尊重，特别是在各种社交场合，女士处处优先。进行商业会晤要提前安排，但不一定准时，因为在社交活动中，准时并不被认为是意大利人的美德。

(4) 禁忌

意大利人忌讳菊花。

5. 俄罗斯

(1) 宗教信仰

俄罗斯居民主要是俄罗斯人，东正教是主要宗教。

(2) 饮食习惯

俄罗斯人讲究量大实惠，油大味浓。他们喜欢酸、辣、咸味，偏爱炸、炒、煎、烤的食物。主食一般以面食为主，喜欢吃鱼、猪肉、牛肉，特别喜欢吃鲱鱼、鲑鱼、鳟鱼、烟熏过的咸鲤鱼等制成品及部分海味。俄罗斯鱼子酱非常著名。俄罗斯人喜欢吃酸味食品，像酸奶、酸黄瓜之类。菜肴喜欢熟透和酥烂，口味较重，食物一般都咸而且油腻。很重视早、中餐，晚餐较简单。俄罗斯人酒量都很大，爱饮烈性酒，伏特加是他们最爱饮的烈性酒之一。

（3）礼貌礼节

1）见面礼。俄罗斯人见面大都行握手礼，拥抱礼也为他们常施的一种礼节。他们还有施吻礼的习惯，一般对朋友之间或长辈对晚辈之间，以吻面颊者为多，不过长辈对晚辈以吻额为更亲切和慈爱。男子对特别尊敬的已婚女子，一般多行吻手礼，以示谦恭和崇敬。吻唇礼一般只是在夫妇或情侣间流行。在俄罗斯，人们非常看重社会地位，对有职务、学衔、军衔的人，最好以职务、学衔、职衔相称。在迎接贵宾时，俄罗斯人通常会为对方献上面包和盐。

2）交往。俄罗斯人性格开朗、豪放、勇敢、耿直、集体观念强。和俄罗斯人相处，要坦诚相见，不能在背后议论其他人。他们重视文化教育，喜欢艺术品和艺术欣赏，谈论艺术是个很受欢迎的话题。俄罗斯人赴约准时，在社交场合处处尊重女性。

3）服饰。俄罗斯人外出时十分注重仪容仪表，干净整洁，衣冠楚楚。

4）举止。在公众集会时，如果有人吹口哨，是表示不同意、不赞成的意思。在剧院等场合，如果要走进两排座位之间去就座的时候，务必要脸朝着已就座的观众，绝不能背对着他们走进去。

（4）喜好与禁忌

俄罗斯人普遍喜欢红色，把红色视为美丽和吉祥的象征；对盐十分崇拜，并视盐为珍宝和祭祀用的供品，认为盐具有驱邪除灾的力量；偏爱数字"7"，认为"7"预兆会办事成功，可以给人们带来美满和幸福；忌讳黑色，认为黑色是丧葬的代表色；厌恶黑猫，认为黑猫从自己面前跑走是不幸的象征。俄罗斯人有"左主凶，右主吉"的习惯，因此他们不允许以左手接触别人，或用左手递送物品。

第5节　美洲国家礼仪习俗

1. 美国

（1）宗教信仰

美国是个移民国家，各大洲有100多个民族的后裔生活在美国，现有人口约

2.814亿，其中80％以上是欧洲移民的后裔，其余为黑人、墨西哥人、波多黎各人、印第安人、犹太人和华人等。美国约有50％的居民信奉基督教和天主教，还有犹太教、东正教、佛教等其他宗教信仰。

（2）饮食习惯

美国和英国的饮食习惯接近，喜欢清淡不腻，咸中有甜；蒜及酸辣食品一概不食；以食用肉类为主，现在也常食用蔬菜、水果；牛肉是他们的最爱，鸡肉、鱼肉、火鸡肉亦受欢迎；忌食动物内脏；爱喝矿泉水、可口可乐、啤酒等饮料，威士忌、白兰地等酒类平时则当茶喝；不喜欢在自己的餐碟里剩食物，认为这是不礼貌的。美国人十分讲求时间和效率，因此，快餐业便应运而生。美国快餐中最受欢迎的食品是"热狗"、汉堡包和炸面包圈等。

（3）礼貌礼节

美国人一般性情开朗、乐于交际、不拘礼节。

1）见面礼。第一次见面不一定行握手礼，有时只是笑一笑，说一声"Hi"或"Hello"就算有礼了。握手的时候习惯握得紧，眼要正视对方，微弓身，认为这样才算是礼貌的举止。一般同女子握手则比较斯文。在交往中他们更喜欢对方直呼自己的名字，以示关系密切。对于能反映其成就与地位的学衔、职称，如"博士""教授""律师""法官""医生"等，都愿意接受用作称呼。

2）交往。美国人性格浪漫、为人诚挚。他们在与互不相识的人交际时，惯于实事求是、坦率直言。他们很健谈，喜欢边谈边用手势比画，彼此间乐于保持一定的距离，一般以0.5 m左右间距为好。他们行动喜欢自由自在，不受约束。名片一般不送给别人，只是在双方想保持联系时才送。当着美国人的面想抽烟，必须问对方是否介意，不能随心所欲。美国人十分尊重个人隐私，交谈话题不要涉及此类内容。

3）待客。美国人一般乐于在自己家里宴请客人，而不习惯在餐馆请客。在美国，如果要登门拜访，必须先打电话事先约定。

4）服饰。美国人平时的穿着打扮不太讲究，崇尚自然，偏爱宽松，注重体现个性是美国人穿着打扮的基本特征。

（4）喜好与禁忌

美国人喜爱白色，认为白色是纯洁的象征；偏爱黄色，认为是和谐的象征；喜欢蓝色和红色，认为是吉祥如意的象征。他们喜欢白猫，认为白猫可以给人带来运气。美国人忌讳"13""星期五""3"，认为这些数字和日期，都是厄运和灾难的象征，还忌讳有人在自己面前挖耳朵、抠鼻孔、打喷嚏、伸懒腰、咳嗽等，认为这些都是不文明的，是缺乏礼教的行为。若喷嚏、咳嗽实在不能控制，则应脸部避开客人，用手帕掩嘴，尽量少发出声响，并要及时向在场人表示歉意。美国人忌讳有人冲他伸舌头，认为这种举止是污辱人的动作；讨厌蝙蝠，认为它是吸血鬼和凶神的象征；忌讳黑色，因为黑色是丧葬用的色彩。

2. 加拿大

（1）宗教信仰

加拿大居民大部分信奉基督教新教和天主教。

（2）饮食习惯

加拿大人对法式菜肴比较偏爱，以肉食为主，特别爱吃奶酪和黄油；讲究菜肴的营养和质量，注重菜肴的鲜和嫩；口味一般不喜太咸，偏爱甜味；重视晚餐；习惯饭后喝咖啡和吃水果；忌讳吃各种动物内脏，不爱吃肥肉。

（3）礼貌礼节

加拿大人因受欧洲移民的影响，他们的礼貌礼节和英法两国差不多。

1）见面礼。见面与分手时的礼节是握手，握手被认为是一种友好的表示。

2）交往。加拿大人说话坦率，热情冲动。他们非常守时。有邀请亲朋好友到自己家中共进晚餐的习惯。如果被邀做客，明智的选择是给主人送点鲜花，但不要送白色的百合花，它们是与葬礼联系在一起的。加拿大人以自己的国家为自豪，对将他们的国家与美国作过分的比较十分反感。

3）服饰。上班的时间，他们一般要穿西服、套裙。参加社交活动时往往要穿礼服或时装。在休闲场合则讲究自由穿着，只要自我感觉良好即可。公务时间，加拿大人很注意个人仪表和卫生。

（4）禁忌

加拿大人忌讳"13""星期五"，认为"13"是厄运的数字，"星期五"是灾难的象征。

3. 阿根廷

（1）宗教信仰

阿根廷居民大都信仰天主教，教徒占全国人口的94％。

（2）饮食习惯

阿根廷人在饮食上习惯吃欧式西菜，以吃牛肉、羊肉和猪肉为主，尤以烤全牛为其传统的食品。晚餐到晚上9—10时才开始，餐前会有鸡尾酒会。

(3) 礼貌礼节

保持体面，重视礼节，是阿根廷人的习惯。

1) 见面礼。阿根廷人久别相见，男人互相拥抱，女人则握住对方双手并亲面颊。

2) 交往。在阿根廷，拜访事先约会。送礼不要送衬衫、领带之类贴身用的物品，阿根廷人喜欢别人夸奖他们的孩子、家里的陈设和他们的菜。避免谈论有争议的宗教、政治问题，可以谈谈体育特别是足球。

3) 服饰。一般以正式服装为主，若在餐厅吃晚餐，也要穿西装结好领带，一副绅士模样。即使是外地来的观光客，也绝不例外。

(4) 习俗

阿根廷人在过元旦时都习惯要在江河里洗一次澡，称之为"新年浴"，这是新年的一项重要活动。人们把一篮又一篮的鲜花撒在江河的水面上，然后大家跳进这落英缤纷的"花海"中，用花搓全身，认为这样可以洗掉污垢和霉气，换得吉祥和富裕。

第6节　非洲和大洋洲国家礼仪习俗

1. 埃及

(1) 宗教信仰

埃及地跨非、亚两洲。伊斯兰教是国教。

(2) 饮食习惯

埃及人通常以"耶素"（不发酵的平圆形埃及面包）为主食，进餐时与煮豆、白乳酪、汤类一并食用。他们喜食羊肉、鸡肉、鸭肉等。在口味上，埃及人一般要求清淡、甜、香、不油腻，串烤全羊是他们的佳肴。埃及人一般都遵守伊斯兰教教规，忌讳喝酒，喜欢喝红茶。他们有饭后洗手，饮茶聊天的习惯。埃及人忌吃猪、狗肉，不吃虾、蟹等海味、动物内脏（除肝外）、鳝鱼、甲鱼等怪状的鱼。埃及人在正式用餐时，忌讳交谈，否则会被认为是对神的亵渎行为。

(3) 礼貌礼节

埃及人正直、爽朗、宽容、好客。他们往往以幽默的心情来应付严酷的现实生活。晚餐在日落以后和家人一起共享，所以在这段时间内，有约会是失礼的。男士不要主动和妇女攀谈。交往言谈中不要论及宗教纠纷、中东政局及男女关系。吃饭时要用右手抓食，不能用左手。不论送给别人礼物，或是接受别人礼物时，要用双手或者右手，禁用左手。

（4）宗教习俗

埃及伊斯兰教徒有个绝不可少的习惯：一天之内祈祷数次。进伊斯兰教清真寺时，务必脱鞋。

（5）喜好与禁忌

埃及人爱绿色、红色、橙色，不喜欢蓝色和黄色，认为蓝色是恶魔，黄色是不幸的象征，遇丧事都穿黄衣服。埃及人喜欢金字塔形莲花图案，忌穿有星星图案的衣服，除了衣服，有星星图案的包装纸也不受欢迎。埃及人不喜欢熊猫，因它的形体近似肥猪。埃及人也禁忌猪、狗、猫、熊。"3""5""7""9"是人们喜爱的数字，忌讳"13"。在埃及，一到了下午3时之后，人们大都忌讳针，绝不买针卖针。

2. 南非

（1）宗教信仰

南非位于非洲大陆的最南端。英语和南非荷兰语同为官方语言。南非大部分居民信仰基督教。

（2）饮食习惯

南非当地白人以西餐为主，经常吃牛肉、鸡肉、鸡蛋和面包，爱喝咖啡和红茶。而黑人喜欢吃牛肉、羊肉，主食是玉米、薯类、豆类。南非人喜欢吃熟食。南非著名的饮料是如宝茶。在南非黑人家做客，主人一般送上刚挤出的牛奶或羊奶，有时是自制的啤酒，客人一定要多喝，最好一饮而尽。

（3）礼貌礼节

受到种族、宗教、习俗的制约，南非的黑人和白人所遵从的社交礼仪不同，可以概括为"黑白"分明、英式为主。英国式社交礼仪广泛流行于南非社会。

1）见面礼。在社交场合，南非人所采用的普遍见面礼节是握手礼，他们对交往对象的称呼则主要是"先生""小姐"或"夫人"。而在黑人部族中，尤其是广大农村，南非黑人往往会表现出和社会主流不同的习俗。比如，他们习惯以鸵鸟毛或孔雀毛赠给贵宾，客人得体的做法就是把这些珍贵的羽毛插在自己的帽子上或头发上。

2）交往。跟南非人交谈，有四个忌讳的话题：一是为白人评功摆好；二是非议黑人的古老习惯；三是因为对方生了男孩而表示祝贺；四是评论不同黑人部族或派别之间的关系及矛盾。

3）服饰。在城市里，南非人的穿着打扮基本西化了。大凡正式场合，他们都着装端庄、风格严谨。南非黑人通常还保留穿着本民族服装的习惯。不同部族的黑人，在着装上往往会有不同的特色。

（4）禁忌

信仰基督教的南非人，忌讳数字"13"和"星期五"。南非黑人非常敬仰自己的祖先，他们特别忌讳外人对自己的祖先言行失敬。

3. 澳大利亚

（1）宗教信仰

澳大利亚95%的居民是英国和其他欧洲国家移民的后裔，华裔和华侨约20万，98%的居民信奉基督教，其余信奉犹太教、佛教和伊斯兰教。

（2）饮食习惯

澳大利亚人的饮食习惯、口味和英国人差不多，菜清淡、不吃辣。当地的名菜是野牛排。澳大利亚人食量比较大，啤酒是最受欢迎的饮料。

（3）礼貌礼节

澳大利亚人坦率随和，在讲究礼貌礼节方面毫不逊色。

1）见面礼。澳大利亚人见面习惯于握手，不过有些女子之间不握手，女友相逢时常亲吻对方的脸。大多数男人不喜欢紧紧拥抱或握住双肩之类的动作。

2）交往。澳大利亚人办事认真爽快，喜欢直截了当，待人诚恳热情，乐于结交朋友，即使是陌生人，也一见如故，可以直呼其名。他们崇尚友善，并谦逊礼让，重视公共道德，组织纪律强，时间观念强，赴约准时并珍惜时间。在社交场合，澳大利亚人忌讳打哈欠、伸懒腰等小动作。在人际交往中，爱好娱乐体育的澳大利亚人往往邀请友人一同外出游玩，他们认为这是密切友谊的捷径之一。澳大利亚人对公共场合的噪声极其厌恶。在公共场所大声喧哗者，尤其是门外高声喊人的人，是不被澳大利亚人喜欢的。澳大利亚人不喜欢将本国与英国处处联系在一起，在正式场合，他们反感于将两国混为一谈。澳大利亚人崇尚人道主义和博爱精神，乐于保护弱者。议论种族、宗教、工会和个人私生活以及等级、地位问题，最令澳大利亚人不满。和澳大利亚人谈论体育比赛和跑马，是非常受欢迎的话题。

3）服饰。澳大利亚人在穿戴方面较英国人随便，但也非常重视正式场合服饰的得体。

（4）宗教习俗

澳大利亚的基督教徒有周日做礼拜的习俗，且雷打不动，想在这天与他们进行约会，往往"难于上青天"。

（5）喜好与禁忌

金合欢花与桉树，是澳大利亚人最喜欢的植物，并且被视为澳大利亚的象征，是澳大利亚的国花与国树。澳大利亚人最喜爱的动物是袋鼠与琴鸟，前者被澳大利亚人视作澳洲大陆上最早的主人，后者则是澳大利亚的国鸟。在澳大利亚人眼里，兔子是一种不吉利的动物。他们认为，碰到了兔子，可能是厄运将临的预兆。受基督教的影响，澳大利亚人对于"13"与"星期五"普遍忌讳。

4. 新西兰

（1）宗教信仰

新西兰人主要信仰基督教、天主教，毛利人信奉原始宗教。

（2）礼貌礼节

新西兰社会相对淳朴保守，礼节规范比较严格。

1）见面礼。新西兰人在社交场合与客人相见时，一般施握手礼，在和妇女见面时，应该等女士先伸出手时才能握手问好。新西兰人正式场合的称呼是"先生""夫人""女士"，一般情况下，称呼比较随便，但相处还不熟时，最好还是先称呼他的姓。新西兰人也像中国人一样有施鞠躬礼的。新西兰人在男女交往方面较为拘谨保守，并且有种种清规戒律。

2）交往。新西兰人为人比较严肃寡言，并且很讲绅士风度。新西兰人说话很轻。如在街上遇见朋友，新西兰人老远就会挥手。他们不喜欢用V形手势表示胜利，当众闲聊、用牙签剔牙、吃东西、喝饮料、嚼口香糖、抓头皮、紧腰带都被视为不文明、很失礼的行为。新西兰人奉行所谓"不干涉主义"，即反对干涉他人的个人自由。对于交往对象的政治立场、宗教信仰、职务级别等，他们一律主张不闻不问。新西兰人对其国内种族问题，或者将新西兰视为澳大利亚的一部分的言论，十分反感。他们最喜欢的话题是体育，尤其是板球。

（3）喜好与禁忌

新西兰人喜爱动物。几维鸟是国鸟，被新西兰人看做是民族的化身。狗则被新西兰人当成人类的朋友。受基督教、天主教的影响，新西兰人讨厌"13"与"星期五"。毛利人信奉原始宗教，相信灵魂不灭，因此对拍照、摄像十分忌讳。

思 考 题

1. 中外礼仪习俗有些什么主要差异？造成这些差异的原因是什么？
2. 在正式的国际交往中，以右为尊是什么意思？
3. 国际礼仪的基本原则是什么？
4. 对政界、军界人士有些什么称谓习惯？
5. 日本人有些什么常用的礼节习惯？
6. 英国人有些什么主要的禁忌？
7. 俄罗斯人有些什么饮食习惯？
8. 法国人最常用的见面礼是什么？
9. 美国人在人际交往中有些什么特点和禁忌？

第 5 章
公关礼仪常识

公关礼仪是近些年来不断被人们研究和重视的社会礼仪中的一种,它有别于个人礼仪,是社会组织或公司企业等为了树立良好形象、协调各种关系所要遵守的行为规范,也是组织或企业实现最终奋斗目标的必要手段和前提条件。礼仪主持人在某种程度上也承担公关礼仪的职能,了解和合理运用公关礼仪是礼仪主持人必备的素质。

第 1 节 公关礼仪概述

1. 公关礼仪的概念

（1）公关与礼仪

公关为公共关系的简称,其英文单词是 Public Relations,简称为 PR。1802 年曾经由美国第三任总统托马斯·杰弗逊在议会宣言中最早使用,后被收录在 1807 年出版的《韦氏新九版大学词典》上,从此被广为使用。发展到了今天,"公关"的含义是非常丰富的。不同的研究者从不同的角度来认识和研究公共关系,在不同的场合里公共关系的所指也不尽相同。

总体而言,公共关系的概念可以归结为:社会组织为了创造良好的组织形象,使自己与公众相互适应以获得共同利益,运用现代传播手段来实现的一种管理科学或行为规范。

礼仪是人与人之间在不断地相互交往过程中形成的行为规范和准则，它在一定的文化社会环境下孕育产生，是社会交往中约定俗成的结果，具有指导和协调人际关系的作用，也是社会文明的象征。

（2）公关礼仪

公关礼仪是公关人员必须遵守和执行的礼仪规范，是公共关系实务活动的一个组成部分，是在公关活动中形成的具有约束力的约定俗成的规范或准则。

公关礼仪与一般礼仪既有联系又有不同，一般礼仪侧重于自身人格和形象的修养，而公关礼仪主要是为了塑造组织的形象，更注重组织的影响性和宣传性。有时候单个公关人员会代表组织进行礼仪交往活动，在这种情况下他所遵守和实行的礼仪形式并非是一般的个人礼仪，他的行为和态度代表了他所在的组织的行为和态度，他的一言一行都会对他所代表的组织造成一定的影响；一般礼仪主要是在个人的人际交往过程中的规范或准则，公关礼仪则主要是在组织与公众之间或者是组织与组织之间形成的规范或准则。但值得注意的是，组织或公关部门也是由单个人组成的，公关礼仪的实现也是由单个人的行为结果组成的，因此公关礼仪与一般礼仪是相互交叉、相互渗透的。

2. 公关礼仪的基本要素

（1）执行者——公关礼仪的主体

公关礼仪的主体是各项礼仪活动或仪式的执行者，同时也是各种礼仪信息的发布者。公关礼仪的主体主要包括各种组织、企业或团体，但也有其他一些情况，比如当公关礼仪活动规模较小或比较简单的时候，主体可以由单个人组成，他所执行或完成的是整个组织的任务，他的形象就是组织或公司的形象。而当礼仪活动规模较大较隆重的时候，主体可以是整个公司、组织，也可以是级别不同的部门团体，也可能是两三个人组成的代表团。

（2）媒介——公关礼仪的载体

媒介是各项公关礼仪得以实施和传递的手段和方式。没有一定的媒介进行信息符号的中转和传递，礼仪活动就无法进行下去。古代礼仪主要是靠人的身体和感官作为传播媒介的，而现代公关礼仪的媒介就多种多样了，而且采用不同的媒介，公关礼仪实施的最终效果也有很大的不同。现代的公关部门和人员往往会综合利用各种媒介形式来实现预期的目标。现代的公关活动中互联网、报纸、广播、电视等大众传播媒介是经常采用的媒介形式，此外还有手机、电话等个人媒介。

(3) 接受对象——公关礼仪的客体

公关礼仪的客体是主体进行公关礼仪活动实施的对象，也是各项礼仪行为的接受者。在具体的某项公关礼仪活动中，主体向接受者做出某些礼仪活动，接受者往往会用一些相应的礼仪进行回应，这个过程中原来的主体就变成了客体的行为实施对象，成为了客体。所以公关礼仪中的客体可以转化为主体，主体有时候也会成为客体，主体与客体相互对应存在又经常互换。

(4) 公关礼仪的环境

公关礼仪的环境是公关礼仪发生的空间地点，也是礼仪活动存在的客观现实条件。公关礼仪的环境可以分为自然环境、社会环境、地理环境、心理环境等。公关礼仪实施的环境因素的选择有时候是约定俗成，不能改变的，有时候也可以在某些方面做一些调整和改变。即使是固定的环境和场所也会因为光线、装饰、摆设等的不同而形成不一样的氛围。环境可以调节活动的气氛，更会影响人的心情，因此公关活动的环境因素也是关系到公关活动最终实现效果的重要因素。

3. 公关礼仪的时代特点

礼仪的形成与一个时代的经济、文化、生活方式等密不可分，它总是随着时代政治思想和道德准则的变化而改变。不同的民族有不同的礼仪，不同的时代礼仪也不完全相同。礼仪在具有历史继承性的同时又融合进了很多时代的元素，有着强烈的时代感。有些礼仪我们从古至今一直沿用，比如微笑、点头，比如尊老爱幼等，但有一些礼仪只是在一定的时代才有可能产生，比如公关活动中的电话礼仪和各种会议仪式礼仪等，只有当科学技术和现代企业制度产生并完善之后才会演化形成。时代不同，礼仪也显现出不同的特点。

(1) 古代礼仪

中国古代的"礼"是一个无所不包的文化体系。以"礼经"（《周礼》《仪礼》《礼记》）为主的礼，是指以宗法制度为核心的各种社会政治制度、社会道德行为的规范和各种礼节仪式，它几乎囊括了所有社会领域，凡有关政治、经济、军事、法律、文化教育等一切成文的或不成文的规章制度、个人的伦理道德修养、人们在生活中一切行为所应遵守的礼节仪式，都属于礼的范畴。因此，中国古代的礼，在中国社会政治、民族精神和伦理道德中，有着极为重大而独特的文化意义，几乎被认为是中国文化的同义语。

礼仪在中国古代文化生活中的功用和意义是多方面的，《礼记》："夫礼者，所以定亲疏、决嫌疑、别异同、明是非也。"礼仪生活是社会生活的重要组成部分，社会生活也离不开礼仪。生活礼仪以其民族性、礼法约束性和相对稳定性，为广大民众所接受，从而深深根植于民间大众之中，积淀成为人们生活之必需，或者说是礼仪生活成为中国传统生活方式的体现，正如学者钱穆所说的"礼即是中国的社会生活"。

先秦的《周礼》一书把礼划分作吉礼、凶礼、军礼、宾礼、嘉礼五类，称为五礼。可见古代所谓礼仪，包括的范围非常广泛，诸如政治体制、朝廷法典、天地鬼神祭祀、水旱灾害祈禳、学校科举、军队征战、行政区域划分、房舍陵墓营造，乃至衣食住行、婚丧嫁娶、言谈举止，无不与礼仪有关，它几乎是一个囊括了国家政治、经济、军事、文化一切典章制度以及个人的伦理道德修养、行为准则规范的庞大的概念。

中国古代，礼仪产生的合理性以及由此带来的消极破坏性往往是相互并存的，儒家在崇尚礼治的同时，往往也将其变得教条僵化，"存天理，灭人欲"，难免程式、拘束。古代礼仪有很强的实用功利特点，同时也带有一定的宗教迷信和崇拜色彩，具有排他性和强制性。

(2) 近代礼仪

由于西方文明的逐渐渗透和社会的动荡不安，中国近代礼仪的变化是很大的，这表现在中国近代礼仪的内容相当驳杂，没有形成统一规范的礼仪。既有完全追逐效仿西方礼仪习俗的洋风洋气，也有恪守古训的传统中国风，还有两者都挪为己用的土洋结合方式。

在这个阶段西方国家同样经历着工业革命的洗礼，各种礼仪和礼节也在不断地形成完善当中。

(3) 现代礼仪

现代礼仪当中比较突出的发展演变就是出现了逐渐被全世界很多国家的公众所认同的公关礼仪，它是组织与国内公众或其他组织之间交往沟通的规则和规范，同时也是组织同其他国家的组织相互联系的行为准则。这个阶段涉外公关礼仪不断增多，礼仪全球化比较明显，不同国家民族的公关礼仪规范在互相接触中不断融合并产生新的礼仪形式。新的礼仪形式往往较为简化，利于操作和把握。

另外，礼仪的方式和凭借依托的媒介也日新月异，更加现代化。大众媒介和新媒体在公关礼仪活动中被广为利用，而且媒介的选择更注重双方的效率和实用性。

4. 公关礼仪在社会活动中的作用

(1) 宣传展示，树立良好的公众形象

公关礼仪活动是社会组织取得公众信任和理解的重要手段。通过举办各种公关礼仪活动，公司或组织得以有更多的机会在公众面前展示自身积极的一面，体现出自身独特的社会地位和社会价值，使得公众对公司或组织的精神、理念以及其他方面都有了深刻直观的认识和了解，扩大了组织或公司的知名度，并进一步在社会上或公众心目中树立起良好的公共形象。相反，不注重公关礼仪和对外宣传的组织或企业很难获得大家的理解和认同。蒙牛企业集团在公关礼仪和对外宣传上就是一个很好的例子。在现代概念、理念促进消费的时代，同行业的竞争非常激烈，在同样拥有先进设备的情况下，光有过硬的产品质量也不能让公众或消费者对企业产生品牌依赖或提高企业美誉度，是不能占有更广阔的市场并拥有竞争力的。而蒙牛集团始终都注意结合自身企业的特点加强对外宣传，从而树立起中国乳业巨头的形象。

（2）协调沟通，充分体现纽带作用

协调沟通既包括组织内部上下级以及平级之间的沟通交流，提高办事效率、增强互相间的支持与理解、化解矛盾、增强相互间配合的默契，又包括社会组织与外部的交流和联系。社会组织存在于大的社会环境下，做任何事情都离不开外部环境，离不开其他组织或部门团体的协作与支持，怎样处理好组织外部的关系是关系到组织命运的头等大事。借助合适的公关礼仪活动或注重恰当运用公关礼仪都会在对外活动或联系中为自身增加筹码。公关礼仪是社会组织社交活动的润滑剂，良好的公关礼仪能够促进社会组织与外部进行协调沟通，因此是社会组织与外部联系的纽带。

（3）规范言行，增强向心力和凝聚力

公关礼仪是组织内的成员的行为规范，规范的言行是组织文化理念和企业风气的良好体现。同时，公关礼仪不仅仅是公关部门公关人员必须遵守和执行的行为规范，它同时也会扩大影响到整个组织内的每一个人。每位成员得体和有气势、有风度的言行可以凝集成为组织的一个标志，处在这样的环境中的成员必然会有一种归属感和自豪感，众志成城，从而增强成员的组织向心力和凝聚力。

第 2 节 公关人员的礼仪要求

礼仪，是一个人的品德性格、学识才华、仪表风度等方面的综合素养的体现。公关人员对自身应该有非常严格的礼仪要求。

1. 公关人员的礼仪形象

(1) 礼仪形象的重要性

一个人的形象是这个人综合素质的一种体现，一个人的形象特征可以展示或流露出很多关于这个人内心方面的信息来。因此，从这方面来看，个人形象绝不只是表面的、浅层次的外部特征的显现，孟德斯鸠曾经说过："一个人只有一种方式是美丽的，但他可以通过许多方式使自己变得可爱。"可爱的或动人的形象会给人们留下深刻美好的印象，同时，良好的形象也是对他人对自身的一种尊重，也是人际交往当中为自己加分的重要因素。对于从事公关活动、时刻与人打交道的公关人员来说，良好的礼仪形象更为重要。

(2) 塑造良好形象的途径

1) 相貌

①头发。对于男士而言，首先，头发一定要整齐干净，这与头发的长短没有绝对关系，并不是头发越长越零乱，越短越整齐，而是与头发的梳理和打点程度有关。尽可能做到每一两天洗一次头，每个月理发一次；其次，头发样式要与自身的脸型特点、整体形象特点相搭配，既做到扬长避短，同时还要与自己的身份和工作性质相协调。如果不是青春年少，也不是从事艺术、时尚、传媒等行业，就尽量不要一味地追求怪异、新潮以及特立独行和与众不同。反过来也不是要绝对的中规中矩，最好还是能体现出自身独特的魅力和气质来。可以寻找发型设计师去征求他们的意见，找到最适合自己的发型并逐渐形成自己的风格和标志。

漂亮适合的发型对一个人容貌的衬托和影响是不可估量的，对于女士而言这点尤其重要。发式要尽量做到与自己的脸型、身高、服装、甚至是发质相协调。

圆脸形的女士可选择头前部和顶部较蓬松隆起的发式，脸颊两侧要向后梳，两耳稍微露出；长脸形的适合将额头遮住，两侧为适当蓬松的长发或齐耳短发；方脸形的适合夸张的卷发，掩盖方正的脸型。

身材娇小的人适合盘发或者肩部以上的中短发，发型要精致典雅，避免蓬松或者过长使头部显得过大或者产生身体下坠感；身材修长的人适合长发，避免把头发挽得过高或剪得过短而显得身材更高。

长发的女士，在正式场合穿着套装或旗袍时要将头发挽起来；在赴宴会等活动身穿晚礼服时可以梳晚装发型，这样可以显得更为端庄、典雅；身穿休闲装或运动装时则适合梳马尾辫。

发质较硬的人适合长发和直发，发质较软的人适合比较蓬松的卷发和飘逸的短发。

头发的颜色要与肤色相协调。比如脸色发红的人适合棕色或栗色的发色，脸色比较暗的人适合黑色的头发。如果是染发，就要颜色一致并有光泽，经常补染，避免让头顶上露出一段颜色与整体不一致的头发。

②脸部和体毛。男士要经常保持皮肤的清洁，并且注意控制油脂的分泌，避免脸上长出痘痘；要适当用一些适合男士用的润肤品，以缓解皮肤的粗糙和干燥，增加皮肤的光泽度；每天都要修剪或刮净胡子，鼻毛也不能忽视；养成经常照镜子的习惯，以便随时检查、修正自己的仪表。

女士更要注重皮肤的保养，注意补充水分，注意防晒，避免长时间受到日光和紫外线的伤害，延缓皮肤的老化。

在正式场合女士要化妆，既表明自己的庄重和精心准备，同时也会增添自己的魅力和信心。年轻女性要化淡妆，尽量突出青春的自然美；年长的女性要在注重自然的同时适当掩盖年龄的印迹，从而散发雍容典雅的气质。要随时提醒自己注意补妆和用纸吸去脸上的汗迹和油光。切不可浓妆艳抹，并要避免使用气味浓烈的化妆品，也不能在公共场合或异性面前化妆。

女士身穿无袖的衣服时要注意修除腋毛。体毛较重的人要注意掩饰，尽量不要露出，可以将露出的部分用剃刀除掉。

③牙齿和口腔。经常刷牙和漱口，保持牙齿的洁白健康。吃过食物后要检查是否有食物挂在牙齿表面或缝隙中，以免造成不必要的尴尬。

注意口腔的清洁卫生，避免口腔有异味。出门前最好不要吃带刺激性气味的食物。经常饮水可缓解口腔异味，嚼口香糖也可减少异味。

④手和指甲。经常活动的双手也不能忽视。平时要多洗手，保持手和指甲的清洁干净，洗手后要擦护手霜，避免皮肤的粗糙。还要经常修剪指甲，防止指甲过长或者指甲里面存有污垢。

2）衣着。衣着服饰是一个人的气质、个性、身份、地位、文化修养和审美品位等综合因素的体现，也是形象塑造的重要方面。如何掌握技巧，在社交礼仪中穿的得体，如何根据自身的特点，穿出自己的特色，这些都是从事公关礼仪活动的工作人员必修的课程。

①基本原则。目前国际上公认的是 TPO 着装原则，即着装要讲究适时、适地、适场合。

T（Time）即是指着装的时间原则。不同的季节，不同的气候要分别穿适时的服装。有的人要追求时尚和新潮，通常会在自己的穿着上提前感受一些即将来临的季节和温度。在公关礼仪中，如果想这样做，突出自己的独特魅力，那一定要把握好分寸，不要过于夸张张扬。例如，在冬天可以视情况选择保暖的春装，但要是穿着夏装的话，即使自己不感觉到寒意也会给其他人留下不太舒服的感觉。一般来讲，冬天的服装尽量选择保暖而又轻盈的款式和面料，避免显得过于臃肿笨重；夏季的服装要轻薄柔软，避免过厚，层次过多。

一年四季有差别，有时候还要根据早上和晚上来选择不同的服装。晚礼服早上穿就不太合适，晚上穿晨练的运动装出门也会让人觉得别扭。

P（Place）指的是着装要讲求地点适宜。不同的地域、不同的民族都有不同的服装样式、服装搭配甚至是服装禁忌，如果到了一个不同的风俗地域，想要入乡随俗的话，穿衣方面也是要留意的。

O（Occasion）指的是着装要合乎场合。公关人员经常要出入不同的场所，到不同的场合当中与人交往。要学会根据不同的场合来选择着装。比如正式的隆重场合就应该选择穿正装，在节日庆祝、结婚庆典或者是娱乐晚会等一些热烈欢快的气氛下服装也要鲜艳明快一些，探病、丧葬等悲痛的场合就要选择素雅的服装，有些严肃的场合下甚至只能选择穿着黑色系或白色系的服装。

另外，不论什么样的服装首先要尺码合适、穿着合身，不能过大过小，或者过肥过瘦。

服装的选择要尽量做到适合自己。每个人都可以根据自身的形体特点和自己的身份、癖好选择适合自身特点的服装款式。身材高大的人要避免穿着上身较短、下身较长的服装；身材矮小的人要选择穿色彩明快、小花型图案、显出腰部曲线或有腰部上提效果的衣服；身材瘦的人适合横条纹的面料和比较轻盈柔软的服装；身材较胖的人适合竖条图案面料及挺括有垂感的服装，身材较胖的女性适合穿裙装。

不同地位的人要选择不同的服装。比如高层管理者或高层领导人要选择颜色较深、款式经典的服装；一般白领阶层的人要使自己的服装与周围的人和环境相协调一致，避免强烈的冲突；职场人士要尽量保持自己干净整齐、线条清晰干练的穿衣风格。

服装色彩的选择也有一定的规律。黑色、白色和灰色是经典的颜色，比较好搭配，也基本上适合所有肤色的人选择。另外，除了休闲运动服装外尽量不要选择其他款式的绿色衣服，因为绿色对大多数人都不适合，而且大多数人都不喜欢绿色着装。肤色发红者，宜穿白色或鲜艳颜色的服装；皮肤较黑者适合素色或白色而避免穿鲜艳花色的服装；皮肤白净者则各种颜色都可以。

②男士着装要点。男士可以选择的服装样式比较少，服饰搭配也比较简单。基

本上可以分为礼服、工作服和休闲服。男士服装的款式基本上分为礼服、西服、夹克、运动休闲服、牛仔服、T恤衫及毛线衫等。

a. 礼服。礼服主要在非常隆重正式的场合穿着，其他时间很少穿着，国际上比较正式的社交场合通常男性穿着深色或黑色的西服、白色衬衫、黑色领结及黑色皮鞋。

b. 工作装或职业装。工作装或职业装一般是在公司办公室或者参加一般性会议等场合的服装。穿工作装的原则是体现自己良好的职业风范和干练的职业形象，同时又有美感。职业装通常是穿长裤，上身配短袖或长袖衬衫、棉T恤或者毛衣等。

c. 休闲服。休闲服是在一般场合的着装。下身可以穿休闲裤、牛仔裤或休闲短裤，上身可以选择夹克衫、T恤衫、毛线衫等。但同时也要注意色彩和款式的搭配。

d. 西服。西服是社交礼仪场合男士穿着较普遍的样式，西服基本上可分为：

- 美式西服。肩型自然，比较宽松，领型略大，扣位略低，后摆单开衩。穿起来十分舒适、自然，比较适合与休闲装搭配。
- 英式西服。肩型丰满，腰部略收，一般身后会有两个开叉。适合时髦前卫的人士穿着。
- 欧式西服。肩部宽大，翻领较大，多为双排扣设计，面料厚实，衣身稍长，包住臀部。适合身材高大、魁梧的男性穿着。
- 休闲西服。比美式西服更注重休闲的特点，适合想要突破传统西服约束的新时代商务人士穿着。

不管是哪种西服，穿着的时候都要注意场合。在严肃场合，除了最下面那粒纽扣外，其他的都要扣上，而在随意场合一般是不扣的。

西装不需要准备太多，但面料和做工一定要考究。正式场合西装的面料基本上以纯毛的为宜，颜色最好是黑色、深蓝色或深灰色，若是平时穿着可以有其他更多的选择。

e. 衬衫。衬衫除了颜色不同外，还有条纹式、格式、圆点式等不同图案，以及软领的和硬领的、休闲的与正式的等区分。白色的衬衫最为实用，很多场合下穿着白色衬衫都不会出错。如果外面穿西装则要选择长袖硬领的衬衫，并且注意要从西服袖口中露出大约 2.5 cm 左右的衬衫袖口。一般来讲，西服和衬衫的颜色对比要鲜明，深色的西服要配白色的衬衫，花衬衫配单色西装，单色衬衫可以配条纹或带格西装。正式场合要把衬衫下摆放入裤子里面。在办公室里要避免选择穿色彩强烈或花哨的衬衫。

f. 领带。领带的图案和颜色多种多样，有斜纹的、方格的、碎花的、圆点的等，其中，斜纹的最普遍。不同的领带可以表达出不同的心情和态度，同样的西装系不同的领带效果也会迥然不同。一般来讲，领带的颜色要同西装颜色一致或成鲜明对比。正式场合穿西装必须要系领带。领带的长度要适宜，最好是达到腰带位置。

g. 鞋。鞋的选择要注重与服装款式、颜色等的协调搭配，注重整体效果。一般深色的裤子要搭配黑色的皮鞋，穿咖啡色的裤子要搭配穿咖啡色的鞋，而其他颜色的鞋都不适宜在重要正式场合穿着。要保持鞋的干净光亮，裤脚最好是前面到达鞋面，后面能够遮住 1 cm 的鞋帮。在正式或者半正式场合，男士要穿硬底窄面无花纹的皮鞋，不要穿露脚趾的凉鞋。

h. 袜子。袜子是裤子与鞋之间的衔接与过渡。在行动中袜子也经常会露出，因此袜子的选择也不容马虎，男士基本上可以选择穿黑色、灰色、棕色、藏青色等几种深色的、颜色单一的袜子，穿着时要与裤子的颜色和谐一致。面料上最好选用纯棉的，舒服而且得体。穿袜子忌过短过肥，不要露出脚踝或者看上去松散堆积。

i. 腰带。腰带有牛皮、羊皮、鹿皮、人造革、塑料等材质的。腰带的宽窄以及带头都不尽相同。正式场合所系的腰带最好是纯皮的。腰带色彩要与裤子的颜色一致、相近或者形成强烈反差。一般来讲黑色和深棕色腰带较为普遍，而且黑色腰带几乎可以和任何颜色的裤子搭配。

j. 配饰。男士的配饰与女性相比少很多，但精心合理的搭配同样可以起到画龙点睛的作用。

k. 手表。现代的手表已经步入奢侈品的行列，而且装饰功能大于实际功能，做工精致的名牌表是身份与尊贵的象征。在正式场合男士若戴表的话最好选择机械的、款式优雅的手表。

l. 包袋。男士经常携带的有公文包和普通提包。男士在上班或者从事公务活动时经常携带公文包。普通提包可以在上下班或者拜访亲朋时携带，比公文包更随意一些。男士包袋的颜色与样式都应该做到简洁大方，与服装的整体搭配要和谐。

m. 皮夹与名片夹。皮夹是男士不可缺少的随身配件，最好选择款式庄重经典的黑色或咖啡色真皮皮夹。皮夹内不要塞太多东西，以免皮夹变形。名片夹最好也选择真皮制的，可以放在西服上衣的怀兜里存放，在接受名片时可以表现出对对方的敬重。

n. 首饰。男性的首饰主要包括戒指、袖扣、项链等。首饰一定要少而精，给人以大方稳重的感觉。

③女士着装要点。注重形象和品味、会穿衣打扮的女人才显得优雅动人。每个女人都有漂亮的一面，每个女人都可以变得可爱动人，天生丽质只是一方面，更重要的是后天的培养和塑造。女人要始终关注自己的形象气质，学会适合自己的着装技巧，这样不但能增强自信，也会博得众人的青睐。

女士的着装更注重突出个性和个人魅力，款式和风格也千变万化，各有风情。总体来讲，女性的着装同样可以分为礼服、职业装、休闲装三大类。

a. 礼服。礼服大致上可分为晚礼服、午服、晚间小礼服以及在国内流行的旗袍。

• 晚礼服。晚礼服是女士礼服中档次最高、最具特色、充分展示个性的礼服样式。强调女性腰肢和臀部曲线，以及裙子下方的重量感，肩、胸、臂的充分展露，为华丽的首饰留下表现空间。

• 午服。午服指白天参加较正式活动时穿的正式服装，具有高雅、沉着、稳重的特点。女性的午服包括连衣裙、套装、两件套、三件套等。

• 晚间小礼服。晚间小礼服是介于午服与晚礼服之间，多在傍晚时分穿的礼服。可以是连衣裙，也可以是两件式、三件式套裙，长度大概在膝盖上下。

• 旗袍。在我国的正式社交场合，穿旗袍也比较普遍。穿着旗袍时要搭配合适的饰物，最好是金、银、珍珠等传统质地的首饰，宜穿与旗袍颜色相近的高跟或半高跟的皮鞋。旗袍外面可穿着开襟小毛衣、毛呢大衣、裘皮大衣或各种方形披肩。

b. 西装。西服套装是职业女性的标志。有上衣和裙子同色同料的，也有上下稍有差异的。穿西服套装同样要注重面料，可以选择适合自己身材特点的别致款式。

c. 裙装。在一般的社交场合女性适合穿连衣裙或者长裙，上身可以穿短袖或长袖衫配长裙或者是过膝裙，穿短裙或者是裤装都不太合适。

裙子一定要合体，腰围合适的裙子才能体现出女性的曲线美和优雅的体态。身材矮小的女士最好选择上下颜色一致的体现腰肢曲线的套装裙或者是连衣裙，身材高大的女士可以选择穿上身较长的套装，也可以选择连衣裙。

d. 鞋袜。在正式的场合，女性适合穿合脚的精致高跟鞋，但要注意鞋跟不要太高或者太细。不要穿凉鞋，否则会让人觉得不庄重礼貌。

正式场合女性穿裙子一定要穿肉色或者黑色的长筒袜或者连裤袜，袜子的长度要适宜，避免在裙摆下露出袜口。袜子不能挑丝或者有补洞。

e. 帽子。帽子的款式有很多，如贝雷帽、鸭舌帽、礼帽、棒球帽等。正确地佩戴帽子可以衬托出女性的高贵与优雅气质。

瓜子脸适合戴圆顶帽，衬托出漂亮的脸型；脸盘大的人适合戴大沿宽边的帽子或者是宽大的鸭舌帽。

f. 手套。手套也是女人的重要装饰物。手套的颜色一定要与服装相协调。冬季穿大衣或者套装时适合戴深色的手套；夏季穿西服套装或者连衣裙时，适合戴纱料或者网眼、镂空的手套。

女士戴手套时，注意不要将戒指、手镯、手表等戴在手套外面。

g. 皮包。女士的皮包大大小小，各式各样，要根据衣着来选择不同款式和颜色的皮包。皮包基本上可分为双肩背包、斜肩背包、直肩背包以及手提包。在正式的社交场合女士应该选择手提包。在比较正式的场合，女性应该选择体积较小的形状方正的暗色皮包。

h. 围巾。围巾可以分为长巾、方巾、三角巾和领围等。女性可以根据自己的服装、发型、场合以及化妆特点来选择围巾。

i. 首饰

• 项链。项链的选择佩戴最好做到与衣服形成反差的呼应，浅颜色衣服应佩戴深色或者鲜艳亮眼的项链，深色调衣服则应选择浅色或者透明的宝石项链来吸引视线。脖子粗的人不适合较粗较短的项链，而应选择长项链，脖子细的人则要选择粗的项链。

• 耳环。耳环可分为耳钉、无穗式耳环和吊穗式耳环等。佩戴耳环要结合自己的肤色和脸型来选择。长脸形的人适合戴大耳环以及无坠或短坠耳环；圆脸形适合戴耳坠；方脸形的人不要选择圆形的耳环。肤色偏红的人适合戴黑色、白色或者深粉色的耳环，不适合戴蓝色耳环；肤色偏黄的人不适合戴与肤色相近的或者金色的耳环。

• 戒指。戒指的选择要与手指的形态相协调。手指较长的人适合戴有装饰的或者夸张一些的戒指，手指短小者，适合戴细小精致的款式；手指肉多者可以选择简洁没有太多装饰的戒指；皮肤较黑的人可以选择白金或者深色和黑色的戒指。戒指一般习惯于戴在左手上，同时戴两个戒指要左右对称，或者在左手上连戴。选择不同的手指佩戴戒指的含义有所不同，一般而言，戴在食指上，表明没有男、女朋友并且正在寻求恋爱对象；戴在中指上表示正处在恋爱中；戴在无名指上表明已经订婚或者结婚；戴在小指上表示独身或者表示终身不嫁或不娶。

• 手链与手镯。手镯是传统的女性饰物，主要有金手镯、银手镯、翡翠手镯、玉手镯、珐琅手镯等。手链有各种金属制成的，也有皮制的、编制的、串珠式的手链等。手镯一般戴在右手腕上，寓意自由而不受约束；若戴在左手腕上或者左右手腕同时戴则表明已经结婚。一般来讲，一只手腕上不要同时佩戴手镯和手表。

j. 胸针。胸针可以别在胸前，也可以戴在领口、襟头等位置。胸针的选择要考虑到衣服的色彩、款式和面料。比如暖色系的服装可以配上红色或者黄色的胸针；白色衣裙可以佩戴蓝色、紫色或者绿色的胸针，体现出清爽的美感来。

3) 行为举止。在没有语言交流或先于语言交流之前，人们往往通过对某个人的举手投足、一颦一笑以及身姿体态的观察来判断这个人的特点和内心世界。无声的举止行为有时候比言语交流更能准确地反映人的真实特点，它往往会在不经意间流露出无法掩饰的心理感受。因此，在公关礼仪活动中，首先要在态度上做到真诚、尊敬、谦恭，尽管有时候行为举止不是很规范，也不至于造成失礼，然后进一步训练出优雅得体的举止来。

①姿态

a. 坐的姿态。正确的坐姿给人一种精神抖擞而又大方庄重的感觉。首先要以缓慢轻盈的步履走到座位前，从容地转身，轻而稳地端坐在座位上，一般只坐椅子的 2/3。上身保持正直，头部抬起，目光平视，女士要双腿并拢，双脚并于一侧，或者双腿并拢，双脚交叉并于一侧。男士则双腿分开，距离不要超过肩宽，两脚保持平行，或者可以两腿交叠，一般是右腿在左腿之上，两手分别放在膝盖上或者扶手上。女士的双手则相叠放在左腿或者右腿上。女士入座时不要将两腿分开或者是跷二郎腿。女士身着裙装在入座时应将裙摆收拢抚顺后再入座。

b. 站立姿态。站立是人们生活、工作及交往中最基本的举止之一。正确的站姿是站得端正、稳重、自然、亲切。做到上身正直，头正目平，面带微笑，微收下颌，肩平挺胸，直腰收腹，两臂自然下垂，两腿相靠直立，两脚靠拢，脚尖呈"V"字形。女子两脚可并拢，肌肉略有收缩感。

如果站立过久，可以将左脚或右脚交替后撤一步，但上身仍需挺直，伸出的脚不可伸得太远，双手不可叉开过大，交换也不能过于频繁。

站立时，如有全身不够端正、双脚叉开过大、双脚随意乱动、无精打采、自由散漫的姿势，都会被看做不雅或失礼。

c. 行走姿态。每个人的自然行走姿势都不一样，各有特点，对于熟悉的人，我们往往通过行走的背影和姿态就可以判断出他是谁。对每个人而言，优美的行走姿态都可以后天训练出来。

行走时要挺胸抬头，目视前方，步伐不要过快，双肩和双臂的摆动都不要过大，不要给人拖泥带水、随意散漫的感觉，行走的轨迹要在一条直线上，避免刻意的扭臀或扭胯。

②神态表情。神态是由面部表情综合反映出的一种精神状态。在非语言符号中，神态表情语言是最为丰富的。

a. 眼神。眼睛和眼神的变化是很微妙的，人们甚至可以通过眼神来与对方交流。在公关礼仪交往中，眼神的运用一定要符合礼仪规范，以免给人造成无礼的印象。

在与人进行沟通交流的时候，我们的目光应该注视着对方，以表明自己的注意力集中在对方的身上。注视的时间和范围不同，就会表达出不同的意味。如果注视对方脸部的时间约占全部谈话时间的30%~60%，可认为对对方的谈话内容比较感兴趣，超过了这个时间，可能表明对对方本人比对他的谈话更感兴趣，若低于这个时间范围，则表明对对方本人或他的谈话内容都不感兴趣。当然这只是从数据理论上进行的统计和研究，可以借鉴参考，但在具体情况中我们只能用经验来判断和体会。

注视的范围视与对方的关系而定，基本有三种情况：一是在一般的商务活动或社交场合，目光限制在对方的双眼与额头之间；二是在酒会、舞会等一般的社交活动中，注视范围可以在对方的眼睛与唇部之间；三是在与关系亲密的人相处时，目光可以停留在双眼和胸部之间。而对对方上下打量或者目光集中在对方的中下部都是非常无礼的表现。

如果想表达对对方的敬重或者对对方谈话感兴趣，就要用温柔友善的目光正视对方的眼睛。如果想中断对方的谈话，可以将目光移向他处，以此来暗示对方。

当将某人介绍给你认识或有人过来与你谈话时，目光一定要注视对方的脸部以表尊敬。

另外，眉毛往往能够配合着眼睛作出各种表情，皱眉头或者眉头紧锁表明忧愁、不满、为难或者考虑；双眉舒展表示平和愉悦等。

b. 笑容。嘴部也有丰富的表情，最习惯运用的就是微笑。与陌生人之间的微笑可以消除尴尬和紧张感，表明自己友好的态度，经常对认识或不认识的人微笑会潜移默化地影响对方的心情，同时也会让自己的心情舒畅。有的人天生一脸凶相，或者长相让人觉得不是很随和，这些人可以用微笑来弥补这种交际中的不和谐。微笑要有正确的做法，正确的做法是尽量避免自己的微笑做作不自然或让人感觉虚假甚至是虚伪。在社交活动中，说话时上下唇应该自然开合，不说话时嘴唇应该自然闭合，嘴不要微张，嘴角可以微微上翘，保持微笑状态。

③手势动作。肢体语言也是人类非语言信息中的一部分。学过舞蹈或者受过礼

仪模特训练的人的举止动作往往会给人赏心悦目的感受，在社交场合中举止动作力求要做到得体、大方、优雅，并在得体的基础上充分展现个人魅力。

有些举止动作自己觉得很舒服，但在他人眼里就不太雅观，比如人们往往习惯通过观察来熟悉陌生环境，外在表现很可能就是不自觉地东张西望、兴奋好奇，或者是紧紧盯着某个人某件东西不放，这些行为都有失礼之嫌，要尽力避免或学会克制。另外，当众挖耳朵、抠鼻孔、挠头发、剔牙或剪指甲、抠指甲等行为是要绝对禁止的。在社交场合中，要养成处处以他人的感受为重的行为方式，尽力克服不雅的行为举动。

2. 公关人员的礼仪修养

（1）塑造内在气质

人们经常形容某个人很有气质或者说某个人没有气质。气质是一个人综合素养的外在表现，也是一个人的品德、知识、能力、才华的一种积淀。不同的人会有不同的气质表现，但气质绝不单单是一种天生的禀性，它往往融合进了更多后天的熏陶和培养因素，因此完全可以通过内外兼修来塑造自己的良好气质。在平时的生活中和各种细节中都要注意培养自己独特的气质。

（2）文化知识修养

要用文化知识来充实自己的头脑。掌握越多文化知识的人越有智慧，越有深度，越有思想内涵。这些都会体现在人的言行举止和为人处世当中，给人以深刻美好的印象。

（3）思想道德修养

思想道德是人格塑造的重要方面，道德是一种人们社会行为规范，虽然没有法律的强制性和严重的惩罚，但言行举止不遵守道德的人不但会影响干涉他人，也会造成恶劣的印象，无法与人建立良好的关系。因此同样需要注重自身的思想道德修养。

（4）艺术鉴赏修养

艺术作品可以直接作用于人的心灵和情感，接触艺术可以陶冶性情，并让人与他人产生交流和共鸣。在很多公关活动中都有艺术的存在。懂得艺术并会欣赏艺术是人良好的气质和修养的一种体现。因此公关人员应该具备艺术欣赏能力。

（5）礼仪文明修养

公关礼仪是在公关活动中逐渐形成的行为规范，是已经被从事公关活动的相关人员认可的一种礼仪要求，因此公关活动的各方要实现预期目标就必须遵守这些潜在的文明规范。如果行为失当或失礼将会给社会组织造成不良影响。因此，合格的公关人员必须要注重自身的礼仪文明修养。

第3节 公关礼仪的主要类型

1. 公关日常礼仪

（1）见面礼节

见面礼节是人与人交往的第一步，恰当的见面礼仪会为进一步交往打下良好的基础。

1）致意礼。致意礼又称为打"袖珍招呼"。当与交往不是很深的朋友见面的时候，通常会行致意礼。简单的致意礼就是目光亲切地注视对方，当与对方相视时点头示意，并且要面带微笑，或者是配合着手势，伸出右手向对方轻轻招手，或者是脱帽点头，有的时候还要加上一句"您好！"或"早上好！"等简单的问候语，增强效果。在行致意礼的时候要注意与对方的距离。如果太远难以引起对方的注意，这个时候尽量不要向对方大声叫喊，待走近约三四步远时再行问候。

2）鞠躬礼。鞠躬礼是中国传统礼仪的一种。除了舞台谢幕、颁奖、演讲、举行婚礼或者悼念活动外，一般鞠躬礼的施礼对象主要是自己非常敬佩的长辈、领导，或者是自己的顾客、初次见面的朋友等，表达出施礼者的一种尊敬、感恩或者是祭奠的心情。在日本、韩国等国家目前仍比较盛行鞠躬礼。

受礼者如果是长辈、上级、宾客或者女士等身份较高的人，还礼时不用鞠躬，可以点头、欠身或者微笑示意。

3）拱手礼。拱手致意在我国是一种民间传统的会面礼，是人们表示祝贺、祝愿的一种施礼方式。其姿势是起身站立，上身挺直，两臂前伸，双手在胸前高举抱拳，通常为左手握空拳，右手抱左手，拱手齐眉，上下略摆动几下。在我国，拱手致意通常用于以下场合：每逢重大节日，如春节等，邻居、朋友、同事见面时，常拱手为礼，表示祝愿；为欢庆节日而召开的团拜会上，大家欢聚一堂，互相祝愿，常以拱手致意；婚礼、生日、庆功等喜庆场合，来宾也可以拱手致意的方式向当事人表示祝贺；双方告别，互道珍重时可用拱手礼。有时向对方表示歉意，也可用拱手表示。

4）握手礼。握手是社交活动中使用频率最高、适用范围最广的一种礼节。无论认识的朋友或者初次见面的人，无论年纪长幼，无论见面或者是道别、安慰或鼓励，都可以用握手来表达情意。

①握手的顺序。一般由主人、长者、前辈、身份高的人或者女性先伸手。客人、晚辈、年轻人或身份低的人先打招呼问候。等待对方伸出手后再握手。如果想要握手的人很多，则可以从一个方向向另一方向依次与人相握。

②握手的姿态。双方面对面站立，距离约一步远，身体稍向前倾，互相伸出右手，拇指张开，其他四指并齐，两人手掌相握，上下微微抖动三四次，幅度不能过大。同时要注视对方，面带微笑。

③握手的时间。握手时间视双方的关系而定，双方初次见面，时间不宜过长，一般以三秒左右为宜。如果关系亲密，则时间长短较自由。

④握手的力度。一般的社交场合握手要求用力适度，不要用力过多也不要太轻，与女性握手时，只要轻轻握一下对方的手指部分即可，但也不能用力过小，这样会给人拘禁、漫不经心或傲慢无礼的坏印象。

需要特别注意的是：一定要伸出右手与对方相握，人多的时候忌讳交叉相握，当有人已经伸出手应主动收回，并说声"抱歉"。任何情况下都不能拒绝对方的握手。

5）拥抱礼。拥抱礼是西方国家习惯的礼节，但近些年来也逐渐被国人所接受。除了长久不见的挚友或彼此很熟悉的人以外，在一般社交场合或较正式的场合里，注意不要将对方抱得很紧，彼此的身体间要有一定的空隙，而且避免紧抱不放。

(2) 称呼礼节

称呼是指人们在正常交往中，彼此之间所采用的称谓语。在日常生活中，称呼应当亲切、准确、合乎常规。正确恰当的称呼，体现了对对方的尊敬及与对方的亲密程度，同时也反映了自身的文化素质。

目前国内比较常用的习惯称呼有以下几种：

1）对男性多统称为"先生"，对未婚女性一般称呼为"小姐"，对已婚女性一般称呼为"夫人"或"太太"，如果分不清女性是否结婚，可以称呼为"小姐"，如果是职业女性可以称呼为"女士"。

2）对德高望重的长者，可在其姓氏后加"老"或"公"，如"任老""徐公"，以示尊敬。

3）根据职务身份来称呼对方。这种称呼往往是姓加职务，比如"王经理""张董事长""牛主任"等。

4）根据职业来称呼对方，如"李医生""张师傅""宋会计""王工程师"等。

5）根据年龄来称呼，如"老大爷""老王""小妹妹""兄弟"等。

6）根据亲缘关系来称呼，如"王阿姨""张大伯""李叔叔"等。

7）称呼他人的亲属，要用敬称。一般可在称呼前加"令"字，如"令尊""令堂""令郎""令爱"等。对其长辈，也可加"尊"字，如"尊叔""尊祖父"等。

在我国，不论对何种职业、年龄、地位的人都可称作"同志"。但要注意，与港、澳、台地区的人士见面时一般不用此称呼。

另外，在称呼对方时要尽量多用敬称，如"您"——"请您……"；"贵"——"贵公司""贵姓"；"老"——"您老""老先生"等。如果不知道该如何称呼对方，不能想当然地乱叫，最好是先询问一下："请问我该怎样称呼您？"这样就避免了称呼错误的尴尬。

（3）介绍礼节

1）介绍他人。介绍的先后顺序很重要。介绍者处于中间人，应该对介绍双方的情况都很了解。在介绍时，应该先把男性介绍给女性、客人先介绍给主人、晚辈介绍给前辈、后来者先介绍给先来者等。基本原则是应该先把地位较低的人介绍给尊敬的、身份高的人。当要介绍他人时，应该用介绍词"请允许我介绍一下"，或者是"××先生，我能介绍××让您认识吗？"

当需要把某人介绍给很多人的时候，要首先考虑到大家，把这个人先介绍给大家，然后再逐个地把众人介绍给这个人。介绍众人的顺序通常按照职位的高低，先女后男，如果区分不方便，则按照方位顺序逐一介绍。无论介绍到谁，都要点头或挥手示意，有时候还需要站起身来表示礼貌，或者相互握手，并说"您好""幸会"等客套语。

2）自我介绍。自我介绍时要声音响亮，吐字清晰，目光注视着对方，充满坚定与自信。另外，态度要谦和真诚，不能傲慢无礼。

介绍时要报出自己的姓名、身份、所在公司等。如果有名片同时送上，效果会更好。

3）相互介绍。相互自我介绍时要说出或记清楚彼此的信息。注意在介绍时吐露出适当多的信息来，以便于大家有话题进一步交谈下去，或者随意寻找一些共同的话题，避免冷场的尴尬。

（4）名片礼节

名片承载着一个人的主要信息，也是一个人身份和地位的象征。名片的使用已成国际惯例，现代名片发挥着多种功能，不但方便相互联络，还可随附在礼物或书信当中用来表示祝贺、感谢、慰问等，在公关礼仪场合越来越发挥着重要作用。

1) 印制名片。名片不但要注重实用性，信息准确，内容清晰完整，更要注重艺术美感，以求可以充分展现自己的气质和修养。名片有单面和双面之分，还有横版和竖版的不同，也有中文和英文的。

名片要随身携带，并且要带得足够多，还要妥善保存，不能弄脏或者弯折，避免给人不良印象。

2) 递接名片。赠送名片时一般由本人当面递交，递送名片时要双手持名片上方两端，上身微倾，同时面带微笑，郑重地把名片递给对方。递送时可以说"这是我的名片，请多多关照。"等之类的客套话。

递送名片的顺序应遵循地位低的首先向地位高的人赠送名片，或者客人先向主人、男士先向女士递送名片。

接受别人的名片时同样要用双手接应，并说声"谢谢"。接过名片后要认真地看一遍，最好要轻声地读出主要信息来以表示自己的敬重之意。接过名片后要妥善保管，不能随便乱放或者拿在手里把玩，最好应该放在上衣的里兜内。切忌不要用他人的名片当便条记录信息。

3) 索要名片。如果想向某个人索要名片，最好不要直接索要。可以先把自己的名片送给对方，并介绍自己，然后看对方的反应，如果没有回应，可以说"以后怎样才能向您请教？"等之类的话语。如果对方没有名片，也不要突然地不高兴。同样，如果有人向你索要名片，也不要拒绝，如果真的不想给对方名片，最好说"实在抱歉，今天我忘带名片了"。这样比较委婉含蓄的借口，以免伤害对方。

（5）电话礼节

电话联络方便快捷，效率高，在现代社交礼仪中运用很普遍。电话通信和业务往来也是社会组织塑造形象的重要部分。因此公关人员必须要掌握电话礼节和与人通话的技巧。

电话主要是靠语言和声音来传递信息，要充分运用好自身声音和语言的魅力，首先要言简意赅，表达准确，不说无关紧要的内容。另外，说话的语气要亲切、热情，语调平缓，吐字清晰，发音准确并富有节奏感。还要注意语言运用得体，多用敬语，学会倾听，讲话时要专注，尤其不能在吃东西的时候与人通话，这是很不礼貌的。如果是在与比自己地位高的人通话，通话结束后尽量要让对方先挂断电话以表达自己的尊敬。

1) 拨打电话

①选择合适的通话时间。尽可能做到不打扰对方的休息或工作，还要取得事半

功倍的效果，所以要恰当选择通话时间。可以先预约通话时间，征求对方的方便时间，另外就是尽量在对方方便的时候拨打。

一般来讲，如果是公共事务，最好在对方上班期间拨打。许多公司在早上上班后可能会召开例行会议，如果没有急事要避开这段时间。

如果是私人事件，或者是拨打住宅电话，在白天最好是8时以后，假日最好在9时以后，夜间则最好在10时之前，另外还要考虑对方是否有午睡的习惯，尽量避免在中午或下午2时前拨打电话。

②理清谈话内容。在通话之前要想好通话要解决的主要事宜，如果事情繁多最好先列出要点以及每个要点的交谈顺序，以免遗忘；组织好语言，给对方以沉着、思路清晰的印象；预先考虑好对方可能的反应，做到有备无患。

③把握通话长短。一般的公务电话都遵从"三分钟原则"，即所有事情都把握在三分钟内解决，避免耽误大家的时间。如果时间较长，应该主动向对方表示歉意。

④热情友好的谈话态度。要用诚恳友好的语气与对方通话。当对方脾气暴躁或者态度不好时，应该始终保持心平气和的心态，耐心细致地倾听对方的叙述，圆满地解决问题。

2) 接听电话。电话铃声响起后要尽快接通，避免对方长时间地等待。一般电话铃响后，最多不超过三声就应该接听。认真听取对方的谈话，答话时思维严谨缜密，表达清晰，态度和气友善。身边要随时备有笔和纸，以便于随时记录下有用的信息。

代接电话时，不要向发话人过分详细地询问其背景。如发话人要求转达某事给某人，切勿随意扩散，辜负别人的信任。

接到打错了的电话，态度要友好，应礼貌地告诉对方，这里不是您要找的单位和号码，请他重拨，不应不加解释地将电话挂断。通话完毕后，应道声"再见"。不可在对方话音未落时就挂断电话。

(6) 馈赠礼节

中国自古讲求"礼尚往来""人以和为贵"。互赠礼品是沟通联络感情的有效方式。馈赠礼节也是社交活动中比较常见的礼仪规范，但如何选择礼物和把握送礼的时机都是很有讲究的。

1) 馈赠时机的选择。一般来讲可以赠送礼品的时机有：

①佳节庆祝日。例如春节、中秋节、国庆节、情人节等。

②喜庆的事件。例如结婚、生孩子、过生日、升学、升迁、出国、事业成功、

乔迁新居等。

③表达谢意。例如，博得对方的赏识提拔，或者有困难对方鼎力相助，或者请对方帮忙等，为了表达感激之情，可以选择适当的时机和礼物，登门拜谢。

④表示慰问和鼓励。当在生活上、事业上或者经济方面、感情方面等遇到困难时，在探望对方、鼓励对方或者援助对方的同时，可以选择一些礼物送给对方表达心意。

⑤共同纪念。例如久别重逢、同学会、参观访问、为人饯行等。

商务社交活动送礼的时机有：

a. 个人事件。例如某同事或领导过生日、生病、结婚，或者为其家人准备葬礼等，可以去探望，或者送出承托着问候和祝福的贺卡等，都会使人感到欣慰。

b. 公司活动。例如员工退休、提升或者公司的一些周年庆祝、表彰大会等，公司可以借此机会给员工送出奖品或礼物，以此来激励员工的热情和对公司的归属感。

c. 节日祝福。在传统或现代节日之时，同事之间或者领导和下属之间、公司对员工，都可以送出礼物。

2）馈赠的礼品选择。在社交活动中可以当作礼物馈赠的物品有很多，而且没有很绝对的要求必须用什么东西做礼物才好。通常馈赠礼物是因人而异，因地制宜的。基本原则是投其所好、避免忌讳、重在情意。

通常可以当作礼物的物品包括：

①鲜花。送鲜花不在于它的实用价值到底有多高，关键是一种心意和浪漫情怀的表达。鲜花可以是一枝，也可以是包扎好的一束，也可以是花篮样式的，或者是盆栽的植物，还可以是插花或干花艺术品等。

②食品。有很多食品是专门为馈赠而制作和包装的。比如说中国传统的月饼、果脯、糕点、巧克力以及各种糖茶、名贵水果等，都是很不错的选择。

③物品。物品的可选范围更广，小到各种精致的首饰、办公用品，大到床上用品或各种家用电器都可以根据对象和时机做灵活选择。

在具体的馈赠活动中应该把握好以下几点：

一是不送不受欢迎的礼物。这些物品包括：违法违禁的物品、受赠人忌讳的物品、有害身心健康的物品、破旧废弃物品、假冒或品质低劣的物品等。

二是看望病人，给病人送礼物尤其是送食品的时候，一定要先了解病人的病情和病症。通常一些病症都有忌口，如果送给病人不利于身体恢复的食品，是吃力又不讨好的事情。要是弄不清楚病症特点，可以多送病人一些可以带来精神愉悦的物品，如鲜花、纪念品、娱乐消遣用品等。

(7) 拜访接待礼节

1) 拜访礼节

①拜访前的准备

a. 先预约。在拜访前先要和对方取得联系，并让对方定好见面的时间和地点，切忌贸然前往，让对方无所适从或者很尴尬紧张。预约的方式可以是当面预约，也可以电话联络，或者是信函、电子邮件等。

b. 拜访前要精心装扮，注意自己的仪表和服饰搭配，尽量做到整洁、大方、得体。

c. 随身带好一些可能会用到的东西，如名片、皮包等。

d. 拜访前要对拜访对象本人或者其公司等进行深入细致的了解，做到知己知彼，有备无患。这样既可以在交谈中找到话题，也可以更有针对性地对探访做一些安排和打算。

②拜访时。拜访时要注意很多细节方面的要求和做法：要向不认识的对方自报家门，包括姓名、职务、所在公司等；当有人引领自己到指定地方时，要对指引者表示谢意；在入座时，要让地位高者坐上位，自己则居于下位。

2) 接待礼节

①接待前的准备工作。首先要了解所要接待人的信息，包括接待人的身份地位、客人要到达的具体时间和所乘车次等。然后按照规定的规格制订安排计划，包括客人的食宿地点、招待客人的场所、接迎人员的确定、费用计算等。最后将接待方案递交上级批准。

②正式接待时的工作。首先要派人到客人即将到达的车站或机场、码头等地方去迎接客人。一定要在客人到达前在出口处准备好迎接，如果对方不认识接待人员，接待人员一定要主动上前迎接并告知对方自己的身份。然后，视对方的身份来安排接待人员，一般来讲接待人员的身份要与客人一方的身份对等，如果是重要的客人，为了表示对客人的敬意则要安排领导亲自去迎接。在迎接客人上车或者进入房间时，一定要给对方开门，给对方开道或者让对方先行。

客人到达后妥善安排好客人的食宿或者是起居休息的地方，并与对方协商活动日程安排。

根据客人的要求为客人订好返程的机票、车票等。

(8) 交谈礼节

1) 神态。交谈本身是用来向人传递思想感情的，所以，说话时的神态、表情都很重要，态度要诚恳亲切。与对方交谈时，一定要把目光集中在对方身上，表明自己对对方的重视与尊敬。在对方说话时，一定要用心去听，并始终面带微笑，不时地点头以表明自己对对方谈话内容的认同或理解。

2）语言。交谈的用语能体现出一个人的文化素养以及尊重他人的良好品德，多用敬语、谦语和雅语。说话时要认清自己的特定身份，应视场合、对象选择语言表达方式。声音大小要适当，语调应平和沉稳，咬字要清晰，使听者感到亲切自然，切忌大声说话。

3）交流。谈话的内容是很有学问的，既不要选择可能引起争议的话题，也不要涉及一些低俗的、不雅的内容，更不要谈涉及彼此的信仰或者价值观等的话题，还要避讳一些令人伤心的或引起不愉快的内容，如某人的伤心事、病痛、死亡等灰暗的东西。

交谈时彼此的交流与反馈是很重要的。让对方觉得你很感兴趣或者很认真地听他讲话是一种礼貌，也是对对方的鼓舞。经常的交流也能够激发对方谈话或倾诉的欲望，迸发出更多闪光的智慧来。如果没有言语的交流或者表情上的互动，对方会无所适从，或者感到索然无味。

有的时候可能对方的谈话内容偏离了要谈论的重点或中心，需要把话题重新引导回来，可以用提问的方式引导对方谈论想要听的内容，或者提议对方对某些问题发表一下见解或看法。

4）学会倾听。倾听也是一门学问，学会倾听是博得对方信任和拉近彼此距离的很好方法。交谈时要善于引发对方多说话，自己则主要是扮演倾听的角色，尽量不要插话，不要打断对方的思路，这是很不礼貌的。

(9) 文书礼节

公共关系交往中，除了一些交际往来活动，文件、书信等的书面形式交往也是很常见的形式。公关文书是公关人员在从事本职工作中，用来进行对内对外、对上对下沟通与联系的各种文字媒介的总称。公关文书按照功能来划分，主要有以下几种的形式：

• 公关书信。包括介绍信、证明信、表扬信、公开信、贺信、感谢信、慰问信等。

• 公关柬帖。包括庆祝柬帖、通知柬帖、邀请柬帖等。

• 公关公文。公关公文是具有一定法律效力的文书。

• 公关简报。公关简报是公关业务活动的简要报道。

另外还有公关新闻稿件、公关调查报告、公关计划等一些文书形式。

1) 信函规范。在现代社会中，随着科学技术的进步，通信工具越来越丰富，人们相互间的联系越来越迅捷，但是信函仍以其某些特殊的作用，作为目前传递信息、交流思想、表达情感的基本载体。

任何一封信函，既要发挥通联功效，又要以礼敬人，除了程式必须规范外，还应尽可能做到礼貌、完整、清楚、正确和简洁。

①礼貌。礼貌指写信人写信时要以必要的礼貌向对方表达敬意，因此信文起首应用尊称，前段不可缺少向对方的问候，信文结束须使用规范的祝福语，署名应该用谦称。

②完整。完整指写信不但要求信文内容完整无缺，避免传递错误信息，而且信封上的收发信人地址、姓名、邮政编码都要书写完整，不遗漏，不简化，以保证信函的顺利递送。

③清楚。信函内容和字迹书写都要清楚。信件内容要叙事表意容易理解，不会产生歧义和误会。字迹书写清晰可辨，不潦草，不涂抹乱改。

④正确。正确指信中的称呼、遣词造句都必须正确规范，力求不写错字、别字。没有搞清含意的词语，不要滥用。

⑤简洁。写信讲究言简意赅，有事言事，言罢即止。浪费收信人的时间也是不礼貌的表现。

2) 公文规范。公文，是公务文书的简称，是机关、社会团体、企事业单位办理各种公务时使用的书面文字工具。规范的公文一般要包括版头、发文字号、标题（内容摘要）、受文机关（包括主送、抄报、抄送）、正文、附件、制文机关、制文日期、用印或签署。公文结构的附属标记包括密级、缓急程度、阅读范围、份数编号、承办文件记录、主题词。各种公关文书的写作都要求准确、公正、客观，并尽可能做到文字简练、流畅。

3) 电子信件。在网络越来越发达便利的今天，公关礼仪活动也充分发挥了网络的优势，现在电子信件逐渐被公司各层人员所接受和利用。

电子邮件的书写格式基本上延续了传统书信的格式特点，开头一定要有称谓，结尾也一定要有落款。不能因为对方可以通过信箱地址辨认出发信人是谁就不写署名。

要灵活运用抄送与密送的功能。当想把给某人写的信件让其他人也看到时，可以使用抄送功能将信件内容同时抄送给他人。如果不想让所要寄达的人知道你同时把这封信寄给了其他人，就可以运用密送功能把这封信密送给他人。

在回复他人的邮件过程中，可以直接点击回复，在寄件人发信的内容之上写回信内容，而不要更改或者删除寄件人的原件。这样的好处是可以给寄件人节省时间，方便他在繁忙的工作和众多邮件中迅速地看到你所回复的邮件是对哪个问题或内容的回应，避免出错。

电子邮件发送和回复都很便捷，大大提高了接收信息的时间和效率。如果选择了电子邮件而不是普通的信函，很可能是想发挥这个优势，因此每个人都要养成经常浏览自己电子邮箱的好习惯，以免延误他人的信件，造成不必要的损失。

2. 公关活动礼仪

（1）专题会议礼仪

公关专题活动是指企业组织为了与公众进行某方面的交流而围绕预定的某个主题开展的一种群体活动。公关专题会议礼仪是专题活动的主要形式，它包括新闻发布会（记者招待会）礼仪、展览会礼仪、赞助会礼仪等常见的专题会议礼仪。

1）会前准备

①确定会议主题。每次专题会议都要有明确的主题，只有目的明确，选好主题，才能围绕主题进行活动安排。比如某个公司定下宣传自己新研发的产品，庆祝产品隆重向市场推出的活动主题，围绕这个主题展开行动，联系新闻记者和媒体召开新闻发布会。

②确定会议议程。主题确定以后，就要谋划具体的实施步骤。活动的组成部分和大致的日程安排等都要敲定，以全局的观念考虑好大致计划，如会议大致进行多久，会议全程要分几个部分等。

③确定与会人员。按照主题邀请与公司相关的同行、相关政府部门的官员、媒体从业人员、新闻记者、社会名流以及本公司需要出席的领导等，这些都应该是专题会议需要考虑的人员。可以根据会议预计的规模拟定人员的数量。

④确定会议时间和地点。详细确定会议举办的时间和地点。地点通常可以选择在本公司或组织内部的多功能会议厅、礼堂等其他地方举行，也可以租用宾馆的专门房间。

⑤拟发会议通知。时间和地点，以及与会人员确定以后，就要起草会议通知，也可以以请柬、邀请函的方式通知外部相关人员参加。一般来讲，会议的通知或邀请函要在举办日期前一周左右发布出去，发得太晚被邀请者可能会有预先的其他安排而无法应邀前来。通知中要详细写明会议的名称、主要内容、时间、地点、报到的日期以及前往路线和与会人员需要做的准备等。

⑥会场布置。会场的布置气氛一定要与会议的主题相协调，各种扩音、录音、

照明等设备要配备齐全。会场的门口或者会场内应该挂上红色的条幅，主席台上可适当摆放鲜花、茶水等。

⑦迎接与接待。在会议举行当天，工作人员要预先在机场、车站等地方等待迎接从各地赶来参加会议的人员。与会人员到达后要先签到，签到后，服务人员应把与会人员领到休息室或者各自的房间休息，等待会议开始。

2) 会议过程中

①会议主持人的礼节。会议主持人要穿着得体，举止端庄，充满自信和热情。站在主席台上要精神饱满，上身挺直，面向台下，讲话过程中与全场的宾客进行眼神交流，增强亲和力。

主持人必须口齿清晰，思维敏捷。会议主持人是整个会议的组织者和调动者，主持人要准确把握好时间和气氛。对一些现场突发的事件能够应付自如，保证会议顺利进行。另外，要正确把握好与会议发言人的关系，与发言人默契配合。

②工作人员的礼节。工作人员应维持会议现场的安静与整洁，精神抖擞，全神贯注，与主持人保持配合互动，协助会议主持尽心尽力地完成工作。工作人员的着装也要和专题会议相一致。

3) 会后总结。会议结束后要认真写好会议总结，找出会议的成功之处以及会议中出现的差错或者是不足的地方，收集好反馈意见，评估会议的预期效果。

4) 会议纪要。会议纪要要及时写好，并整理清晰。可以简要地列出所要达到的目标、将要采取的行动、任务和人员的分配情况、众人的评价等。

最后将会议的举办情况向上级作简要汇报。

（2）仪式活动礼仪

公关活动中经常采用的仪式活动主要有：签字仪式、开业庆典仪式、开幕仪式、落成仪式、剪彩仪式等。

下面以签字仪式为例，介绍仪式活动的基本礼仪。

签字仪式是组织与对方经过会谈、协商，形成了某项协议或协定，再互换文本的仪式。签字仪式的礼仪规范是比较严格的。

1) 签字仪式的准备工作

①准备待签文本。待签文本一定要经过组稿、定稿，并且有翻译和校对，准确无误后，再装订成册。签字的合同文本多数采用大八开，印刷精美，封面用高档材料做成，这样既可显示出协议或协定的重要性，又显得庄重气派。

②布置签字场地。签字仪式多举行在组织或公司的专用地点，也可以是会客厅、会议室等地方。场地布置要庄重、干净、整齐。在签涉外商务合同时，还要在

签字桌上插放相关各方国家的国旗或企业组织的旗帜。

③安排签字人员。签字双方代表的身份和人数基本是对等的。可以视合同的重要性以及对方的意见安排签字代表。签字人员穿着要正式，最好是有礼服性质的深色西装或者是西装套裙。男士应打领带，里面配穿白衬衫和深色的皮鞋。

2）签字仪式的程序。签字仪式上，双方参加谈判的全体人员都要出席，共同进入会场，相互致意握手，一起入座。双方都应设有助签人员，分立在各自一方代表签约人外侧，其余人排列站立在各自一方代表身后。助签人员要协助签字人员打开文本，用手指明签字位置。双方代表各在己方的文本上签字，然后由助签人员互相交换，代表再在对方文本上签字。签字完毕后，双方应同时起立，交换文本，并相互握手，祝贺合作成功。其他随行人员则应该以热烈的掌声表示喜悦和祝贺，也可在签字仪式结束后安排晚宴或酒会以示庆贺。

（3）宴会与舞会礼仪

1）宴会。社交宴请活动是为了寻求企业组织之间的合作、答谢相关人员的支持、互相联络沟通、为企业成功而开展的公关活动。宴请的形式有很多，按时间有午宴和晚宴之分，按形式还可以分成宴会、工作餐、冷餐会、家宴、酒会、茶会等。

宴会一般是指比较正规、庄重的宴请活动。

①宴会的准备。先要计划好举行宴会的主要目的，是为了答谢众人还是要联络沟通，还是要树立形象宣传。当然，一次成功的宴请活动往往可以实现很多目标，取得意想不到的良好效果，但最好是一次宴请明确一个主题。按照主题的特点选择合适的规模和形式。

一般正规的宴会都选择在周末的晚上举行。地点根据主办人的要求、宾客的多少以及交通选择预定。

邀请的人数要有大概的把握，重要人物要确定是否出席，并确定好是否允许携带家人，以便于按照赴宴名单排列座位。

可以口头通知或者电话通知，也可以发请柬，比较重要的人物在口头约定后还要补发请柬，以免失礼。请柬要提前一到二周发出，便于宾客提早作出安排。

领导或重要人物要安排在最尊贵的座位。如果以主人为中心，则主人右侧座位的宾客尊于左侧宾客。距离主人越近座次越高，离中心桌席越近，地位越高，反之则相反。应该在客人就座前安排好席位和座次，以便于客人对号入座。

②赴宴的礼仪

a. 按时抵达。不能去得过早，也不能迟到，最好能够按时抵达。

b. 礼貌就座。入座时按照引导人员的安排或者按照座位牌入座，避免做错位置。入座后，要端正坐姿，不要东张西望或者拿餐桌上的器皿、餐巾纸等东西把玩。

c. 注意交流。在进餐期间要注意与周围的人进行交谈或交流，创造和谐的气氛。要注意照顾到全体，不能只和自己熟悉的人或左右两边的人进行交谈。当宴会开始，主人致辞时，应立即停止交谈。

d. 文雅进餐。进餐时要注意举止，咀嚼食物或者喝汤时不要发出声响，不要发出餐具相互碰撞的声音。剔牙时要注意用另一只手遮挡。鱼刺、骨头等东西不能直接吐到桌子上，应该用筷子或汤匙从嘴边取下再放到桌子上。

我国一般习惯在开始进餐前由主人致辞或者祝酒，席间客人则可以向主人祝酒，表达自己的谢意，同时也可以调节宴会的喜庆气氛。

宴会结束后，客人应向主人及相关接待人员表示谢意后再行告辞。

2）舞会

①舞会的准备。舞会有很多种，按照舞蹈形式的不同来划分，既有现代舞会、交谊舞会，也有国际标准舞会等。通常社交活动中以交谊舞会较为普遍。

舞会一般在周末的傍晚或晚上举行，每次的时间应该在2～4小时左右，最好不要超过午夜12时。

舞会场地大小要视宾客的多少而定，避免空间较小，过于局促，也不要太大，不方便交流。舞池周围要摆放好桌椅，供人们休息。

邀请人选，既可以当面或者电话通知，也可以以书信的形式，书信的形式最为正规。还可以张贴海报，但这种形式不容易控制好人数。邀请人选时要考虑被邀请人的数量和男女的比例，最好男女各占一半。

②舞会的接待。舞会可以选择主持人，这样可以控制舞会的气氛和热烈的情绪。还要选择合适的接待服务人员，给客人们指引方向或帮助客人们解决问题。要备有简单的茶点或酒水，供客人休息时享用。

③舞场上的礼仪

a. 邀舞的礼节。通常男性要主动邀请女性，女性可以拒绝男性的邀请，但男性不可以拒绝女性的邀舞；男性在邀请女性跳舞时，要注意观察女性是否已经有了舞伴，以免发生误会；男性邀请女性跳舞时，等舞曲奏响后，要微笑着走到女士面前，并微微欠身，恭敬地摊开右手，等待女性的反应，或者礼貌地问"可以请您跳支舞吗？"

b. 跳舞的礼仪。男士在跳舞时，左手要轻扶女士腰部的上方，右手轻托女士右手掌，身体与女性保持一定距离。目光不要一直盯着对方，不要面面相向。如果是与熟悉的人跳舞，双方可以小声交谈，声音的大小要做到不让周围的人听到为宜。舞步要熟练优美，男士要尽量显示出绅士风度来。在一支曲子结束后，要把女士送回到座位，并表示谢意。

（4）公关推销礼仪

1）外出登门推销礼仪

①给人良好的第一印象。大多数人对推销人员都有不太好的印象和抵触情绪，这给推销人员的顺利推销增加了难度。因此推销人员需要首先扭转人们对这个行业人员的固有偏见，也因此要给人们一个良好的第一印象，如果初次见面印象不佳，那推销员很可能就要丧失这次机会了。

要塑造良好的第一印象，推销员首先要具有亲和力的外表、整洁的装束和得体的言行举止。不需要一定有漂亮的外表，但一定要让人觉得很舒服。

允许推销员有自己的个性，但面对客户一定要中规中矩，要有热情真诚的态度，始终带着微笑面对顾客，不急不躁，不能显得不耐烦。要讲究一定的礼仪规范。讲究礼仪是对客户的尊重。

推销员说话要清晰流畅，思维要快速敏捷。既要有正确的态度，也要有出色的执行能力。一个光有热心和良好态度的人，如果做事笨手笨脚，连客户的电话号码都记不下来，可想而知，也不会给人留下良好的印象。

②登门推销时，应先打招呼。直接登门推销是不太礼貌的行为，这种做法成功的也很少。另外，人们面对的都是推销人员陌生的面孔，很难放心地让推销员直接进入自己家里推销。因此，在登门推销前，最好事先打好招呼，说明自己在什么时间可能要做回访或者征求意见。在征得同意后再上门推销。

推销人员可以先打电话与客户约定时间。约见的时间地点要以方便客户为原则，让客户决定时间的安排，让他们准备出充分的时间，使得推销活动得以顺利进行。

2）电话推销礼仪。电话推销是近些年来越来越常见的推销方式，由于多种原因，比如有些人习惯运用欺骗的方式或纠缠骚扰的手段进行电话推销，所以在大多数人的心目中对电话推销的印象比普通的推销还要差。但电话推销也同样是推销的一种手段，在公关推销中可以单独运用，也可以结合其他方式一起运用，如果能够很好地把握一些原则，电话推销也是很有效的销售方式。

①及时接听。如果有潜在客户打过电话来咨询情况，一定要放下手中的工作及时接听；如果电话意外掉线了，之后一定要主动打过去，继续被打断的谈话；如果

是推销员主动打给客户的电话，首先要询问客户是否时间合适，客户不方便谈话，可以稍后再拨打，或者要以客户的时间为准再约一个方便的时间拨打。

②自报家门。接打客户的电话时，首先都要自报家门，如实说明自己的身份和拨通电话的主要目的，这样既是对客户的尊重，也是一种业务专业正规的体现。

③不能欺骗。不能用欺骗的手段诱使客户接听下去，更不能用虚假信息蒙骗客户，这些对自己将来的业务发展是很不利的。

④避免喋喋不休。电话推销时要多试探对方的态度和感受，征求对方意见，及时获得反馈，不要只顾自己喋喋不休，如果客户有意要终止谈话，也不要反复纠缠，应该礼貌地等待对方挂上电话并争取再次联系的机会和可能。

3）推销策略。在推销技巧研究中，有一个比较有名的"FABE"销售法则。"F（Feature）"是指商品特征，即要向客户交代清楚自己公司商品的功能特征；"A（Advantage）"指商品优点，让客户了解到本商品区别于其他商品的优点和优势在哪里；"B（Benefit）"是指要代表客户利益，在整个推销活动过程中，尤其是在考虑问题或者做结论时都要以客户的利益为重；"E（Evidence）"指证据，空口无凭，要让客户信服，信任自己，就要拿出证据来证明自己的正确性。证据可以是亲自做示范，可以是顾客来信，也可以是报刊登载的文章，或者来自技术报告等。

在向客户推销多种产品时，都可以遵循"FABE"原则。另外，还要注意到运用以下策略。

①"自己人"策略。在推销自己的产品或服务的时候，要充分站在客户的立场上考虑问题，让他们感受到你的建议和考虑都是在为他们着想，让客户把你当作自己人。

②赢得客户的信任和好感。据美国纽约销售联谊会的统计：71%的人之所以从某个人而不是其他人那里购买产品，是因为他们喜欢他、信任他。所以推销员首先要赢得客户的信任和好感。

③模糊推销的目的。推销人员不能暴露出自己明确的推销目的，应该让客户感觉到像是在进一步提供服务、在做回访或者是做产品调研等诸如此类的活动。这会让客户感觉到推销人员的行为没有明确的功利性，确实在为他们考虑。

推销中要充分调动客户的参与性和积极性，诱导他们主动思考，多提问题，让他们得出经过自己思考判断出的结论，而不是一味的灌输思想。

不管推销成功与否，自始至终都要给客户留下深刻又美好的印象。客户态度的转变需要时间，可能是在推销过程中，也可能是之后的某个时候。因此要与客户保持联系，让他们在需要时都能与你取得联系。

④与客户建立和谐友好关系。客户来到公司，推销员要热情招待客人，公司的人、事、物或各项服务都会给顾客留下深刻印象，因此在细节的地方也要注重礼节。另外，只有客户先接受了推销员，才有可能接受推销员所推荐的产品。所以推销员在客户心目中的形象也是其产品在客户心目中形象的一种反映，推销员的作用从这方面来说是决定性的。

无论生意谈成与否，都要注意在推销活动结束后，礼貌地送别来客。这是对客户的一种尊敬，也是公司良好形象的体现。

4）推销中语言的运用。选择好称呼。对客户应该结合身份多用敬称、尊称。如果是与客户初次见面，可以称呼对方为"先生""太太""小姐"，或称呼对方的职务，如"经理""老板"等。

多用赞扬和夸奖的口气与客户交流。如夸赞对方说"您很内行……""您说得很有道理"等，这样会在不经意间使客户心情愉快，以便推销能够顺利进行下去。

避免以自我为中心，避免说"我认为""我觉得您……"而是换作"您是否认为……""您是怎么想的?"等语句，这样的表达可以提醒你换作客户的立场和视角来考虑问题。

多用一些表示尊重和请求的词汇或语句，如"请……""您……""……好不好?"等。

多用肯定性的语言。如对客户的评价、对商品质量、价格、售后服务等要持明确和肯定的态度，让客户消除顾虑。

3. 公众关系礼仪

公众是公关工作所诉求的对象，包涵很广，从某种程度上说公众就是全体大众。在礼仪主持人的职业范围中，许多的工作都要通过与人打交道来完成，对涉及方方面面、各种各类的公众关系礼仪，应该非常了解熟悉，这样才能在公关礼仪活动中充分体现职业魅力，游刃有余。

（1）人际沟通礼仪

现代公关礼仪是在人际沟通礼仪的基础上形成的。公关礼仪也是人与人之间的礼仪，因此它和人际沟通礼仪有很多一致的地方。人际沟通礼仪是人们在日常生活中与他人打交道时所要遵守的规范和准则，它的外延比公关礼仪要大，人际沟通礼仪也是与整个社会的状况密不可分的。

1）人际沟通原则。人际沟通礼仪的基本原则是：平等、尊重、诚信、宽容、适度、热情。

"礼尚往来"是中国传统社交礼仪的原则之一，也是人际沟通应遵循的基本原则。人与人之间要善于沟通、勤于沟通。有的时候，因为某些事情的需要才认识或联系一些朋友，当没有事情的时候就失去了联系的动力或者认为没有了联系的必要，这种"有事有人，无事无人"的想法是错误的观念，也是人际沟通中的大忌。要学会礼尚往来，对于一些长久疏于联络的好朋友，即使没有什么重要的事情，也要打电话或者登门拜访，或找个理由约出来聊聊，这样才不至于疏远淡漠了情谊。

遵时守信是人际交往中必须遵守的信条。在社交场合和人际沟通中要有强烈的时间观念。与人邀约或者允诺了别人的事情一定要准时做到。不能让他人为你而等待，这样不仅让他人在焦急地等待中浪费了时间，同时也是自己失礼的表现，给他人留下言而无信的坏印象，不利于相互间的交流沟通。

2) 人际沟通技巧

①以情动人。沟通不仅是信息的交流，更应是一种感情的传递。沟通不能只是以事论事，而应敞开心扉，开诚布公，以心换心，这样才能增进相互感情，架起相互信任的桥梁，让情感成为交流沟通的催化剂。

②选择契机。寻找沟通的契机很重要，有经验的公关人士，大都善于寻找沟通的"突破口"，比如以共同感兴趣的话题、共同的地域环境、相似的学习生活背景去求得心理上的接近，以打开谈话的"突破口"，从而使沟通交流顺利进行下去，最终达到增进团结、促进工作的目的。

③准确达意。沟通交谈目的是为了准确表达想要表达的内容，以最准确的语言表达最大量的信息是公关人士应当追求的语言境界。同时还应该注重交谈语言的形象生动、幽默含蓄，注意委婉避讳，用生动的比喻和轻松幽默的语言来化解人际交往时的局促尴尬气氛。

④姿态平等。平等交流是沟通的前提，要以理服人，不能以势压人。双方在平等基础上沟通，可以扫清相互间的沟通障碍，形成人与人之间融洽和谐的关系。还要善于运用灵活的方法启发对方发表意见，从而达到集思广益的目的，为正确决策提供可靠依据。

(2) 公关谈判礼仪

公关谈判是指面临共同问题的双方在谋求合作的基础上，通过讨论协商，为实现利益均等的目标而进行的信息沟通与交流活动。

1) 谈判前的准备

①人员安排。谈判组人员的安排要合理，根据谈判人员的知识水平、个人素质、年龄、经验等筛选组建。年纪大的谈判人员沉稳有经验，但热情和感染力往往

不足；年轻人则有些争强好胜，不够沉着冷静。每个人都有擅长的一面和不足的地方，成员的选定力求最大限度发挥每个人的特点，实现最优化组合。

②时间地点的选择。一般来讲，谈判的时间和地点的选择不是很随意的。时间和地点的不同多少会对谈判结果造成一些影响，尤其是地点的选定。双方都想做东道主的情况也是很多的，因此应该由谈判双方协商而定。

③座位安排。谈判会场可采用长方形或椭圆形的谈判桌，宾主应分坐于桌子两侧。若桌子横放，则面对正门的一方为上，应属于客方，背对正门的一方为下，应属于主方；若桌子竖放，则应以进门的方向为准，右侧为上，属于客方，左侧为下，属于主方。在进行洽谈时，各方的主谈人员应在自己一方居中而坐。其余人员则应遵循右高左低的原则，依照职位的高低自近而远地分别在主谈人员的两侧就座。举行多边洽谈时，为了避免失礼，按照国际惯例，一般均以圆桌为洽谈桌，举行"圆桌会议"。

2）谈判过程

①导入阶段。导入阶段是谈判双方互相熟悉和热身的阶段，通常是由双方进行自我介绍，互相了解。在这个阶段一定要讲求礼貌，不能带着高傲或目中无人的霸气，也不要过于谦卑。双方可互递名片，或者寒暄几句，从而营造出祥和融洽的气氛。

②概说阶段。双方要耐心友好地听取对方的发言，从而继续保持轻松愉快的气氛。

③明示阶段。在这个阶段，双方的立场和争论点已经挑明，并且出现矛盾和利益分歧。

④交锋阶段。互相就各自的利益和情况进行辩解和争论，但要注意所有争论都要就事论事，保持平和、冷静的心态，要有耐心，不可因发生矛盾就怒气冲冲，甚至进行人身攻击或互相谩骂侮辱。如果有冷场情况发生，可以暂时转移话题，松弛大家绷紧的神经，或者可以选择休会，待大家恢复好心态后重新回到谈判桌进行谈判。

⑤妥协阶段。要先想好自己的底线和可以退让的范围，如果没有超出底线或范围，谈判基本上是成功的。但在退让的时候要注意方式，尽可能掌控局面，掌握主动权，而不是到最后一步步被动无奈的妥协。

⑥协议阶段。谈判达成一致意见，举行签字仪式。

3）谈判原则。谈判要遵循礼敬对手的原则，平等协商，在合理、合法的情况下，进行讨价还价。谈判还要求同存异，争取互利互惠。变对手为伙伴，进而完成合作是谈判的最终目的。

思 考 题

1. 公关礼仪的概念是什么？和一般的礼仪有何异同？
2. 公关礼仪的基本要素有哪几个？
3. 公关礼仪在社会活动中能发挥哪些作用？
4. 公关人员应当具备怎样的礼仪素养？
5. 常见的见面礼有哪几种？有何特点？
6. 在交谈中应注意哪些礼节？
7. 试以新闻发布会为例，说明公关专题活动的礼仪要求及程序。
8. 公关宴请活动的礼仪环节有哪些？
9. 电话推销有哪些技巧和要求？
10. 如何才能进行良好的人际沟通？

第6章 社会语言学常识

第1节 社会语言学概说

1. 社会语言学的属性

社会语言学是研究语言与社会多方面关系的学科。社会方面的情况包括社会中人和社会的各个因素，其中不仅人的性别、年龄、行业、文化程度等方面的差异会影响到语言变异，而且语言规范化、民族语言、双语制等社会方面的因素也会影响到语言变异。可见，社会语言学的主要任务是描述"语言与社会结构的共变"。

2. 社会语言学的功能

社会语言学由于研究范围较广，关注社会，关注生活，因此自20世纪60年代中期兴起以来，便得到了快速的发展。经过近半个世纪的发展，社会语言学的作用日益凸显，其功能主要体现在以下两个方面：

第一，从理论发展来说，社会语言学的研究有助于丰富语言学的有关理论，有助于揭示有关社会现象及其发展、演变的过程。

第二，从实践应用来说，社会语言学的研究有助于为有关部门提供政策咨询。

第 2 节　汉语地域变体

汉语历史悠久，变体丰富。汉语变体包括两大方面：其一，我国地域辽阔，汉语在不同地域呈现出不同的变体形式；其二，我国人口众多，汉语因各类人群之间的差异而出现不同的变体形式。

有关研究表明，方言是由于历史的原因形成的，它既跟空间有关，也跟时间有关。原本使用同一种语言的人，一方面由于居住区域的不断扩展，另一方面长期因交通阻隔而少有沟通，语言演变就会发生分歧，久而久之就会形成不同的地域变体，也就是方言。

汉语方言分布区域辽阔，差异较大、情况较复杂的地区多集中在长江以南。长江以北广大地区，尤其是华北、东北地区，汉语方言的一致性比南方大得多。总体上，北方各方言一致性大，差异性小；南方各方言差异性大，一致性小。闽、粤两大方言和普通话差别最大，吴方言次之，客家、赣、湘等方言和普通话的差别要小些，北方方言作为民族共同语的基础，和普通话的差别自然要小得多。具体来说，汉语方言在语音上的差异相当大，语法上的差异比起语音、词汇方面的差异要小得多。

一般情况下，人们把现代汉语方言划分为七大方言，现概述如下：

1. 北方方言（也叫北方话）

北方方言广义地说就是所谓"官话"，以北京话为代表。北方方言区可分为四个次方言区：华北官话、西北官话、西南官话、江淮官话。主要分布在长江以北汉族居住区，长江以南镇江以上、九江以下的沿江地带，湖北（东南除外）、四川、云南、贵州等四个省，湖南省西北一带。占地面积达到汉语地区的 3/4，使用人口约占汉族人口的 70% 以上。该区域内部方言有很大的一致性，从东北的哈尔滨到西南的昆明，直线距离约有 3 200 km，从东南的南京到西北的酒泉，直线距离约有 2 000 km，其间各地方的人通话基本没有困难。这么多的人口，这么大的地域，语言这样一致，在世界上是很少见的。跟其他方言相比，北方方言是汉民族共同语的基础方言，是通行地域最广、使用人口最多的一种方言。

该区域内，语音系统相对比较简单，词汇方面大同小异，语法基本上是一致的。北方话的词汇是普通话词汇的基础。在北方话区域内普遍通行的词，绝大部分在普通话里都巩固下来了。但是，北方话内部的词汇也并非完全统一。各个次方言或土语之间，都有一些词汇上的差别。这个差别既表现在一般词汇上，也表现在基本词汇上。如河北省中对"太阳""月亮"的叫法就有许多种，对"太阳"的叫法有老爷儿、爷爷儿、爷爷、日头、日头爷、日头影儿、阳婆儿、阳婆、前天爷、佛爷儿等，对"月亮"的叫法有月奶奶、明奶奶、月里儿、月光爷儿、后天爷儿、后天爷、老母亮儿、老母地儿、老母儿、月老娘等。

尽管如此，几乎各地都同时通行"太阳""月亮"的叫法，至少能听懂。"太阳""月亮"的叫法无疑是普通话的词，而那些同义的方言词随着普通话的推广，正日益缩小使用范围。

对方言中的一些同义方言词，普通话要有选择地吸收。比如"麻雀""玉米"等词属于普通话词汇，这没问题。但是选择"白薯""红薯"还是"甘薯"，选择"土豆儿""洋芋"还是"山药"，目前在书面语中还不稳定，有待于发展。

另外，各地都有些独特的词，地方色彩浓厚，通行地区比较小，一般都不能进入普通话。例如，北京话中，"宣（宣和、宣分、宣吞）"是松软的意思（"这馒头蒸得真宣"）；"出溜"有滑的意思，也有指小儿走路的样子的意思；"心路儿"指计谋；"二乎"有犹豫疑惑的意思。又如，天津话中，"白乎"意指夸夸其谈；"老公"指乌鸦；"广"就是打的意思（"他们俩广起来了"）；"个扭儿"指不团结（"闹个扭儿多不好"）。再如洛阳话中，"白昼"指白天；"对正"指将就；"丢步儿"是跑的意思；"连连儿"指赶快。当然这其中也不排除这样一种可能性，即通过文学作品被广大读者接受而被普通话所吸收，从而丰富普通话的词库。所以纷繁的方言词汇，正是丰富普通话词汇的源泉之一。

还有三个语言现象值得注意，若不了解其中的差异，在言语交际中就会造成误解。

其一，各地有些词音同（或音近）字同，但意义却不同。例如，"客"在成都话中指客人，"来了一个客"；但"棒客"指强盗，"撞客"指骗子。"客"在河南新乡话里指女儿，例如，"这是他的客"就是说"这是他的女儿"。

其二，有些通用的词在各地意义宽窄不一。"鼻子"在成都、重庆、洛阳等地除指五官之一外，还指鼻涕。北京话"老头儿""老头子"有爱憎的感情色彩之别，而在济南话中却没有。

其三，各地都有些忌讳词语。例如，许多北方地区忌讳"醋"字，忌讳"鸡蛋"的"蛋"字，因此在生活中用"忌讳""鸡子"分别替代"醋""鸡蛋"。

此外，从产生方言的差异看，给熟悉的或新鲜的事物起"外号"或"别名"也是产生方言词的一个原因。例如，东北地区把"熊"称为"黑瞎子"；"蛇"在北京被称为"长虫"，在河南安阳被称为"皮条"，在河南林县被称为"皮了"；"猫头鹰"在鲁西叫"夜猫子"，在河南临汝叫"咕咕喵"，在河南通许叫"土叫"，在皖南叫"哼声音""哼骨头"等。

2. 吴方言（也叫江南话或江浙话）

吴方言以上海话为代表，分布在江苏省长江以南、镇江以东部分（镇江不在内），以及浙江省的大部分地区。

吴方言的书面语词汇大部分同普通话一致。普通话通过文学作品和交际吸收了一部分吴方言词，从而丰富了自己的词汇。由于吴方言和北方话的词汇有很大的共同性，有些方言词被普通话吸收以后也就难于识别。例如，"尴尬"指进退两难、左右为难；"吃不消"是"吃勿消"的改装，即受不了；还有"硬碰硬""有介事""煞有介事"等。

百余年来，上海话里吸收了一批英语借词，如"卡车"（car＋车）、"马达"（motor 发动机）、"引擎"（engine 机器）。这些外来借词通过方言传布开来，有用的成分已经进入普通话词汇，无用的或不必要的成分则逐渐被淘汰或剔除。

3. 赣方言（也叫江西话）

赣方言以南昌话为代表，主要分布于江西省（东北沿江地带和南部除外）、湖北省东南一带。赣方言虽同其他姊妹方言在历史上有特殊来往，但受北方话影响最深。

南昌话中有些词语与吴方言关系密切。有的与吴语接近，例如，"扎实"指结实，"手节头"指手指，"旧年"指去年；而有些词语与吴方言一样，比如"落雨/雪"指下雨、下雪，"雪烊/融"指雪化了，"起风"指刮风。南昌话里有些词语与湘语接近，例如，"墟"指赶集/场，"线车"指自行车，"发风"指刮风。还有些赣方言词语也见于其他方言。

4. 湘方言（也叫湖南话）

湘方言以长沙话为代表，分布在湖南省大部分地区。其基本词汇和北方话大致相同，词语特殊的是少数。特别是受北方话影响较大的长沙等城市，词汇上的区别就更小了。

这里以双峰话（老湘语）为例介绍湘语词汇上的一个特点——有些词的广狭义与普通话不同。例如，"细"在普通话里与"粗"相对，"大"与"小"相对，"细"与"小"含义不同。但双峰话中"细"兼有"小"的意思，"小孩儿"叫"细人基"，其中"基"表示爱意。又如，普通话"吃饭、喝酒、吸烟"中的动词不一样，但在双峰话中动词都可用"吃"。量词"只"在双峰话中用得特别广泛，普通话"一头牛""一口猪""一座山""一张桌子""一所房子""一只鸟"中的量词在双峰话中都说"只"。

5. 客家方言（也叫客家话）

客家方言以广东梅县话为代表，主要分布于广东、广西、福建、江西等省，以及湖南、四川两省的少数地方。根据学者的考证，客家先民本来是古代中原一带的汉族居民，由于种种历史原因，逐渐向南迁徙而形成今天的分布情况。

客家方言中单音节词比普通话多些。例如，"被"指被子，"皮"指皮肤，"知"指知道，"地"指坟墓。由于单音节词较多，客家方言中同音词的数量就很可观。

客家人喜欢在外国传入的物品名称上加"番、洋、红毛"等字，这与闽、粤等方言有共同之处。例如，"洋油"指石油，"番豆"指花生，"红毛灰"指水泥，"番茄"指西红柿。

由于地理环境关系，客家方言跟粤方言一样，分不清"雪"与"冰"两个概念，故而把"冰棍"叫"雪枝"。又由于客家地区华侨较多，一些与华侨生活有关的词语也应运而生，如"水客""走水"是过去日常生活中很常用的两个词，后者指一种专门为华侨带钱、信件、物品，来往于侨居地与故乡之间的流动职业，前者指从事这种职业的人。

另外，受当地民俗的影响，客家方言中有一些忌讳语。例如，用"快菜"指代韭菜，因为"韭"与"久"同音，用"通赢"指通书，因为"书"与"输"同音，用"猪旺/猪红"指猪血。

6. 闽方言

闽方言分布于福建省，广东的东部潮州、汕头一带，以及海南岛和台湾省的大部分地区。在诸方言中，它内部比较复杂，分歧较大，彼此通话困难，可进一步分为：闽南方言（以厦门话为代表）、闽东方言（以福州话为代表）、闽北方言（以建瓯话为代表）、闽中方言（以永安话为代表）、莆仙方言（以莆田话为代表）。

在此列举一些闽方言中的特殊词汇。例如在闽南方言中，"物件"指东西，"漏愧"指丢脸，"淡薄"指少量、少许，"路用"指用途，"走"指跑，"棘心"指苦恼。再如，在闽东方言中"漂"指漂亮，"饲"指喂，"心绪"指心思，"斯文"指文雅，"甘愿"指愿意，"汤"指热水、温泉。

语法上，闽南方言中有一类现象与普通话差异很大，那就是以"有"或"无"做动词的句子应用得相当广泛。它们不但能带名词宾语，而且能以另一个动词或动宾结构为宾语。例如，厦门话中就有"伊有看""我无读""伊有读册""我无食酒"等大量这样的句子结构。相比较而言，普通话中目前仅有"有售""有碍观瞻"等个别用法。

7. 粤方言（也叫广东话）

粤方言以广州话为代表，分布在广东、广西两省，与普通话差别较大，长期以来在一定范围内还形成了一种书面语言，创造了不少方言字。

粤方言的词语跟普通话词语相比，很有特点。其一，粤方言中单音词很多，这些词在普通话中往往是复音词。例如，"眉"指眉毛，"味"指味道，"色"指颜色，"尾"指尾巴，"云"指云彩。其二，粤方言与普通话中的一些复音词在词素的结合次序上恰好颠倒过来，其中粤方言的表达形式多接近闽方言和客家方言。如"欢喜""紧要""齐整""挤拥""宵夜""人客"等。

粤方言中也有不少忌讳词语。例如，用"猪红"指称猪血，因为忌讳"血"字；用"猪润"指称猪肝，因"肝"与"干"同音，不吉利，而且其他动物的肝也叫润；用"吉屋"指称空屋，因为"空"与"凶"同音，不吉利；用"胜瓜"指称丝瓜，因为"丝"与"输"音近，不吉利；用"遮"指称伞，因为"伞"与"散"同音，不吉利。

第 3 节 汉语社会变体

人们由于性别、年龄、地位、职业、信仰以及文化程度等社会因素的不同而分属于不同的社会群体，每一群体都有一些有别于其他群体的语言特点，从而形成语言的各种社会变体，也叫社会方言。

1. 性别变体

男性和女性在语言习惯、语言能力和语言运用上都有一定的差别，这些差别是由生理、心理和社会三方面的因素综合起来产生的。一般汉民族文化传统认为男性应该沉着、坚强、勇敢、吃苦耐劳，女性应该温柔、体贴、稳重、任劳任怨。这表现在语言上就是，双方都应该遵守符合各自身份的语言规范，例如男性讲话可以用大嗓门儿，偶尔说点儿脏话也没什么；而女性说话却不能这样，要柔声柔气，文雅，不粗鲁，话中不能带脏字儿。有些地方，女性还有一套有关人体生理卫生的隐语，当然这些隐语仅在女性之间通行。

女子说话比较多地使用带征询口气的疑问句、感叹句和多种委婉方式。不仅普通话是这样，各地方言也是如此。在此以上海话为例。在上海话表达中，女子比男子更多用希望得到对方肯定回答的问句，比如"对哦？""是哦？""好哦？"等。其中"哦"是方言用字，在句子中起语气助词的作用，相当于普通话的"吗"。

另外，仅从语音上来看，女性比男性更具有性别角色的自我意识。我国老一辈语言学家黎锦熙先生在20世纪20年代提到过北京的女国音（又称"劈柴派读音"）现象，那就是有文化的女性青少年在发 j、q、x 等声母时，舌位前移，发近似 z、c、s 等声母的音，例如"尖笔尖、鲜新鲜、晓晓不晓得"等。有趣的是这一语音现象如今也存在于1~20岁女性的语音中。

2. 年龄变体

语言一直处于不断地发展演变之中，语言在时间上的差异造成语言的年龄差异，即使用同一种语言的同时代的人，因年龄层次不同，语言的特点也有差异。具体到方言、普通话时，也都是这样。

首先，分析语音方面的年龄差异。根据《上海市区方言志》在20世纪80年代的调查成果，上海市区音系分老派、中派和新派三派。仅从声韵调系统看，老派（至少60岁以上）语音中声母27个，韵母51个，声调6个；中派（在30~60岁之间）语音中声母28个，韵母43个，声调5个；新派（大约30岁以下）语音中声母27个，韵母32个，声调5个。广东韶关方言老派的鼻音声母 [n] 和边音声母 [l] 是两个不同的音位，而在新派方言中 [n] 已经并入 [l]，成为一个音位了。换句话说，在老派语音中还能听到"南"和"篮"的声母分别是 [n] 和 [l]，但在新派语音中只有 [l] 声母，没有 [n] 声母了。

其次，不难发现词汇方面的年龄差异也很大。例如，上海"老克勒"们所说的一些词语，像"肖照照片""跳马路穿马路"等，年轻的上海人已不知其意了。当然年龄变体之间差异的大小会因时因地而异。根据语言调查研究发现，年龄变体在生活节奏较快、求新心理较强的大城市的差异相对要比农村地区的大一些，而且在社会变革剧烈的年代，差异也会大一些。典型的年龄变体表现在青年变体和中老年变体中，特别是在用词用语方面。青年变体中有大量的新词，体现了年轻人创新和求新的心理，例如，在大学生流行语中"早恋"意指早锻炼，"黄昏恋"意指傍晚时进行锻炼，"偶像"意指呕吐的对象。中老年变体一般比较少地使用新词，这反映了中老年人守成和求稳的心理。

3. 行业变体

社会分工形成了不同的行业群体，群体内部由于特殊的交际需要，形成了自身词汇的特点。行业变体可以进一步分为专业术语变体和行帮隐语变体两类。

（1）专业术语变体

专业术语变体（专业领域内通行的语言变体）没有排他性，随着科学知识的普及和经济的发展，很多科技术语和职业用语被吸收到共同语即普通话里，成为日常的交际用语。例如，体育类用语，像排球界所用的"短平快""二传手""时间差"等，像足球界使用的"红牌""黄牌""点球""角球""任意球""假球""假摔""黑哨""黑衣裁判"等专门用语已成为人们日常使用的词语。已经进入书面语的词语如"客串""票友""下海""亮相"等本是京剧界的行话。

例如，股市方面的相关行业用语随着1990年我国新兴股市的开张以几何速度递增，比如"买盘""卖盘""崩盘""操盘""套牢""被套""解套""熊妹妹""老熊""跳水"等相继出现。不仅如此，这些词语随着社会政治、经济、文化发展的快速发展，迅速流行起来，逐渐融入到老百姓的日常生活中，极大地丰富了口语的表达方式。研究发现，在婚恋方面，年轻人在择偶前都有个"心理价位"，初识恋人叫"入市"，家境好的一方是"绩优股"，条件较低的一方追求较高的一方为"追高"，两人关系时好时坏称为"盘整"，结婚为"套牢"，夫妻感情好为"牛市"，长期不和称为"熊市"，离婚叫"平仓"。此外在工作方面，上班、午休、下班分别被白领们戏称为"开盘""停盘""收盘"。

（2）行帮隐语变体

行帮隐语变体是行帮内通行的语言变体，也称"黑话"，是为了加强凝聚力和保密性而使用的特殊表达方式，具有强烈的排他性。根据语言调查发现，山西理发行业至少有200个特殊的词语只用于行业内部，例如，"苗儿"指头发，"扇苗儿"

指电烫,"气筒"指鼻子,"水条"指湿毛巾,"隔山照"指镜子,"辣"指痛,"滴水儿"指士兵。

4. 阶层变体

阶层变体是由于社会阶层不同而形成的各种社会变体,例如工人变体、农民变体、知识分子变体等。知识分子一般使用标准变体,常用书面语。人们常说的"学生腔""知识分子腔"就属于阶层变体。我国现代语言学之父赵元任先生当年在调查常州方言时发现,当地的绅谈和街谈分别代表两种社会阶层,这突出表现在他们的语流中所使用的连读变调不同。再如,我国古代社会等级森严,皇帝、臣子、普通百姓等不同等级的人群各有一些本阶级专用的词语。比如"朕"一词只能供皇帝一人使用,其他人用了就会有杀身之祸。

5. 社区变体

只在某个社区流通,反映该社区政治、经济、文化的特有词语叫做社区词语。以下几大区域可以看出汉语的社区变体:

(1) 我国内地的社区变体

在我国内地通行的词语有"两个文明""五讲四美三热爱""四套班子""五个一工程""菜篮子工程""米袋子工程""活雷锋""下海""下岗""经济特区""万元户""房改""机构改革""创收""国有企业关停并转"等。

(2) 我国香港的社区变体

香港回归以后,是"特别行政区",所以有许多词语只是在香港通行。

(3) 我国台湾地区的社区变体

在我国台湾地区也有许多通行的词语,例如,"阿巴桑"(指老妇人,源于日语)、"阿兵哥"(指普通士兵)、"阿西"(指幼稚且容易上当的人)、"爱美族"(指喜爱打扮的女性)、"爱券"(指爱国奖券)、"爱人"(指未婚的恋人)、"不婚妻"(指未婚妻)、"爱死病"(指艾滋病)、"拜洋主义"(指崇洋媚外)、"班联会"(指学生会)、"波仙"(指百分点,源于英语)、"不做第二人想"(指不愿位居别人之下)、"彩视机"(指彩色电视机)、"打高空"(指夸大吹牛,言过其实)、"大作秀"(指大规模的演出)、"集团结婚"(指集体婚礼)、"急三枪"(对急性者的戏称)、"极峰"(指最高领导)、"眷村"(指军人家属住宅区)等。

以上从五个大方面讨论了现代汉语的社会变体,其实还可以根据日常生活场景的不同从用语角度进行更细微的划分,如课堂用语、办公室用语、家常谈话、与幼童谈话等。以与幼童谈话为例，成人常模仿幼童说话的语气、语调、词汇等，使用平时不用的叠音名词，像帽帽、袜袜、鞋鞋、饭饭、肉肉等。这类表达习惯在方言中也大量存在，例如，用上海方言与幼童交谈时还会用平时不用的带词头的名词，比如阿鱼、阿肉等。

以上各种社会变体揭示了现代汉语丰富多彩的一面。不过在社会语言学兴起之前，标准语是语言学家研究的主要对象，是正统的和受尊重的；相反，土语、混合语、地域方言等则被认为是一种二等语言，不值得重视的。社会语言学兴起以后，这种偏见被取消了。社会语言学认为因地域、阶级、阶层、职业、性别、年龄而引起的语言变异属于自然现象，由此而产生的语言异体或者说语言变体都应受到平等的待遇。

思 考 题

1. 汉语有哪几类地域变体？并请以词汇为例加以说明。
2. 什么是社会变体？汉语有哪几类社会变体？
3. 请举例说明性别变体的特点。
4. 请举例说明行业变体的特点。
5. 请举例说明社区变体的特点。

第 7 章

社交心理学基本常识

马克思曾说过:"交往是人类历史的必然伴侣。"人是社会的产物,而交往是随着人类的出现而出现的,并且随着社会的发展而发展。通过社会交往,人类才得以延续,也才产生了具有不同个性心理特征的人,由此产生了不同的社会群体。本章对人际交往、社会交往的个性心理特征、社交动机、社交知觉以及社交中的心理应对方式等知识进行了梳理,使读者对社交心理学的基本常识有一定的了解和掌握。

第 1 节 人际交往与社交心理

1. 人际交往的形式与特点

人际交往是人类社会的特定现象,是人类共同活动的一种具体形式。人际交往本质上就是人们运用各种符号、媒介进行信息交流和情感沟通的一种社会活动。

(1) 人际交往的特点

1) 人际交往是一种社会性活动。人际交往作为人与人之间的交往活动,首先是一种社会性活动,它区别于动物之间出于本能的自然活动。动物与动物之间,动物与自然之间虽然也存在交往活动,但这只是一种本能的需要,而人类的交往活动,所体现的是一种社会属性,是出于本能以外的目的性的驱动。

2) 人际交往的双方都是主体。人与人的交往与通讯设备之间的简单重复不同,交往的双方都是能动的主体，不存在客体，双方都有自己的目的和意图。而且，主客体的关系处于不断的变化之中，双方都能随时进行自我调节，根据具体情况调整交往的过程。

3）人际交往是一种内心思想与感情的交流。人际交往是人与人之间相互适应、相互影响，其内容是指一般的心理情感和行为，它强调的是人与人之间的情感关系，而不是抽象的政治关系、经济关系、文化关系。这种心理的、情感的关系积淀了人的生物的、物质的、文化的、政治的关系。实际上，人际交往是人与人之间的一种心理流通和情感行为上的影响。

4）人际交往的双方必须具有共通性。人际交往中的信息编码和解码需要双方具有某种共同的历史文化背景。了解彼此交往的动机，双方必须使用相同系统类别的符号，否则就很难达到交往的目的，容易出现交往障碍。

5）人际交往作为人们的心理流通，是相互性的，不是单向"输出—接受"的关系，也不是被动的"刺激—反应"关系，而是一种相互沟通、相互认知、相互作用的关系。人们在心理沟通交往的同时伴随着心理影响和行为的变化。

(2) 人际交往的形式

人际交往是一个信息传递、沟通的动态过程，它的形式也是多种多样的，并且每种形式都有不同的特点和功能。根据不同的划分标准，人际交往大致可以分为以下几个类别：

1）正式交往和非正式交往。根据人际交往的信息渠道，可以将其分为正式交往和非正式交往。

①正式交往。正式交往是指在组织内部根据一定的组织原则，通过组织明文规定的渠道所进行的信息传递和交流。比如组织内部的人员沟通交流、文件公函往来以及会议制度、上下级的汇报制度等。

正式交往的优点在于所传递的信息的权威性和原则性强，交往效果相对较好，并且保密性很强。所以一般多用于重要信息的传递。正式交往的缺点是形式欠灵活，而且一旦交往失败，可能导致两种后果：一是交往次数少，就会出现各为政的局面，从而导致主观主义；二是交往次数过多，由于安排失当，过多的会议、文件就会影响工作效率，导致官僚主义局面的出现。

②非正式交往。非正式交往是正式交往之外的一种信息传递，它不受任何组织原则的影响，可以自由选择信息交流的渠道。私人之间的聚会、娱乐活动等往来、对于某个事件的看法与交流、小道消息的传播等都属于非正式交往。

非正式交往的优点在于交往的快速性和灵活性，而相对于正式交往的官方化来说，非正式交往的民间性和非规范化使得人们在交往时，更容易表露自己的真实想法，因而很多时候，非正式交往所达到的效果反而比正式交往好。非正式交往的缺点是它的可控性差，传递的信息容易失真，可信度低。

2) 单向交往和双向交往。按照信息传递有无反馈，可将交往分为单向交往和双向交往。

①单向交往。单向交往指的是信息的发送者以命令的方式面向接受者，一方发送信息，另一方只能接受信息，不进行反馈。下命令、作报告演讲等都属于单向交往。

单向交往的优点是信息传递速度快，秩序严谨，不易出现混乱局面，尤其是在处理简单问题或者紧急情况时，这种优势就更明显了。单向交往也有明显的缺点，由于传受双方没有讨论交流，尤其是接受者没有机会核对信息的准确性，内心易产生不安和抗拒心理，执行的效果就比较差。

②双向交往。所谓双向交往就是信息的发送者以讨论和协商的方式面向接受者，在发出信息后，还需要及时听取反馈意见，即两者可以通过"对话"的方式重复交流，直至双方都满意为止。会谈、小组讨论、协商等都属于双向交往。

双向交往的优点是比较灵活、自由，接受者有反馈的机会，易于确证，即传递的信息准确度高。另外，接受者能产生参与感，增强信心，有利于形成融洽的人际关系。双向交往最明显的缺点在于信息接受者的反对意见可能使交往沟通受到干扰，进而使发送者的压力感比较重，从而影响信息传递的速度。

3) 语言交往和非语言交往。根据交往的媒介，可以把交往分为语言交往和非语言交往。

①语言交往。自从人类创造出自身特有的、独一无二的符号体系——语言以后，语言交往就成了人类社会交往的一种最基本、也是必不可少的形式。语言是由词和语法所构成的符号系统。语言最主要的功能就是交流思想和情感，在人际交往中，朋友聚会、社交往来、工作交流等都需要通过语言的交谈而进行，所以语言是人际交往的工具。

语言交往又包括了书面交往和口头交往。书面交往是指用书面形式进行的信息传递和交流，如书信、文件、布告、刊物、新闻报道等。书面交往的优点是可以长期保存，重要内容可以反复斟酌研究，但书面交往的时效有限，反馈较慢，还常常受阅读者文化水平的限制，这些都会影响交往的效果。

口头交往是交往双方以口语的形式实现交流，可以分为独白和对话。演讲、报告等属于独白，讨论、咨询、洽谈等属于对话。口头交往最大的优点就是交流迅速，反馈及时，交流双方可以灵活地根据交流状况及时调整，疑问可以立即得到解决。但口头交往有时候是在缺乏深思熟虑的情况下进行的，加上受表达能力的限制以及口语的转瞬即逝，对交流目标的实现会产生一定的困难。

有学者曾对口头、书面以及口头与书面相结合的三种方式的交往效果进行了研究，实验表明：口头与书面相结合的方式交往效果是最好的，口头交往效果其次，书面交往效果较差。这是因为书面交往不能使用手势、体态、面部表情等辅助手段，不能即时反馈信息。亲自参加会议听发言、做记录、参加讨论总比听传达、听录音、看记录的信息准确得多，印象也深刻得多。

②非语言交往。非语言交往是指用非语言符号或者媒介进行的交往，它包括表情、动作、身体姿态、声调等。虽然在人际交往中，语言是最主要也是应用最广泛的符号，但是微笑、皱眉、点头摇头、目光接触等也是很重要的沟通方式，甚至在一些情境下会比语言的表达效果更好。

与语言符号相比，非语言符号有一些自身的特点。使用非语言符号交往时，其含义往往不如语言表达明确。例如，摇头可能是不同意对方的观点，也有可能是没有听清楚，还有可能是与双方谈话内容无关，只是受到外界因素的干扰而作出的反应。可以说，含义的模糊性是非语言符号的最大特点，因此在一般的人际交往中，非语言交往都是作为语言交往的辅助手段出现的。

接下来探讨非语言交往中的几种主要非语言符号：

a. 面部表情和目光接触。面部表情和目光接触都属于动态无声的符号系统，具体有点头、微笑、摇头、皱眉等。

在通常情况下，面部表情是不自觉、自发地产生的。高兴的时候会喜笑颜开，不顺心的时候会愁眉不展。在人际交往中，如果出现言谈与面部表情不一致时，人们通常更相信面部表情的信息。例如，主人面孔冷淡地说"时间还早，多坐一会"，客人就应该意识到，主人这时候已经在送客了。当然，以上所说只是在通常情况下，在很多时候，人们常常刻意控制自己的面部表情以使得自己的情绪不外露。例如，心里厌恶表面上仍热情相迎。因此，在人际交往中，单纯地根据面部表情来判断别人的心理也并不总是可靠的。

目光接触是面部表情里比较值得注意的一种符号。人们常说，眼睛会说话，眼睛被认为是表现感情的最灵敏的工具。有研究表明，长时间注视、冷眼凝视，是敌意的表示，转移这种目光则表示退让。另外，还有实验指出，陌生人的专注、凝视还具有威胁、恐吓的作用。人在走路时被别人盯着会走得更快一些，不仅如此，在红灯前停车的司机在发觉被人盯视之后，也会在绿灯一亮就更快地开走。总之，不同的目光所包含的意义可以是非常丰富的。

b. 身体动作。身体动作是静态无声的符号系统的一部分。有时候，一个人不需要说话，甚至不需要其他面部表情，只要简单地点头、摇头、挥手等身体动作，便能表达出人的内心想法。

c. 辅助语言。辅助语言系统是指发声系统，即音质、音幅和声调。人说话时，语速的快慢、语音的高低等都能表现出说话时的情绪并能对语言所要表达的意思起到辅助作用。

在这里要强调的是，上述各种非语言符号之间并非是彼此独立的，在人际交往过程中，它们通常是相辅相成的，而且在通常情况下，这些非语言符号是和语言符号同时存在的，它们之间相互制约、相互联系才能使交往更顺利地进行。

人际交往的形式是多种多样的，除了以上列举的三类基本形式外，在人际交往中，还有许多特殊形式，如异性间的交往、代际交往、上下级交往等，在此就不一一详述。

2. 社交心理过程概述

在社交活动的交流信息、相互影响过程中，人的心理不可避免地要发生一些变化，这些心理变化包括认识、情感和意志的变化，这三个因素的变化过程即人的社交心理过程。

（1）认识过程

认识过程是社交心理过程的基础，对社交对象客观和主观因素的认识了解是社交活动的前提。认识过程包括感觉、知觉、记忆、思维以及想象。

1）感觉和知觉。感觉和知觉属于信息接受的阶段。感觉是人脑对当前直接作用于感官的客观现实的个别属性的反映，如闻到气味、尝到滋味、看到颜色、听到声音等。分布于人全身上下的感觉器官在接受刺激以后，形成对社交对象各种属性的感知，如社交对象的相貌、风度、谈吐等。感觉是社交心理过程至关重要的一环，它是一切比较高级、比较复杂的心理现象的基础，是认识客观事物的开端。但由于感觉是一种较为简单的心理活动，通过感觉人们只能知道事物的个别属性，还不知道事物的整体及其意义。

知觉是客观事物直接作用于人的感觉器官，是人脑对客观事物整体的反映。例如，有一个事物，我们通过视觉器官看到它是椭圆形的，颜色是绿底带黑色花纹的；通过嗅觉器官闻到它的清香气味；通过手的触摸感到它是比较硬的；通过口腔品尝到它的味道是甜的，于是，我们把这个事物反应称为西瓜。这就是知觉。

知觉和感觉一样，都是当前的客观事物直接作用于我们的感觉器官，在头脑中形成的对客观事物的直观形象的反映。客观事物一旦离开我们感觉器官所及的范围，对这个客观事物的感觉和知觉也就停止了。感觉反映的是客观事物的个别属性，而知觉反映的是客观事物的整体。知觉以感觉为基础，但不是感觉的简单相加，而是对大量感觉信息进行综合加工后形成的有机整体。通过感官来感知社交对象，形成整体印象，对于社交活动的开展是非常重要的一个环节。

2）记忆。记忆属于对信息的储存阶段。记忆是人脑对过去经历过的客观现实的反映，人在感知过程中所形成的对客观事物的反映。当事物不再作用于感觉器官的时候，并不随之消失，而能在人的记忆中保持一个相当长的时间，在一定条件下，还能再现出来。例如，我们以前见过某个人，对于他的外貌、举止、谈吐、性格等因素的了解就会储存在大脑中，提起这个人，虽然他未必在眼前，但我们也能想起他的种种特征。在社交活动中，记忆具有重要的意义，以上所讲的对交往对象形成的印象，有利于个体决定自己对交往对象应当作出怎样的反应，也有助于沟通和交往的顺利进行。

3）思维和想象。思维和想象属于对信息的使用的过程。思维是人脑对客观事物的本质与规律的概括和间接的反映。它是借助语言、表象活动所实现的、能揭示事物本质特征与规律的理性认识过程，主要表现在人解决问题的活动之中。想象是人脑对已有表象进行加工改造而形成新形象的心理过程。新形象指人脑对旧有记忆表象加工改造而形成的形象。想象具有预见的作用，它能预见活动的结果，指导人们活动进行的方向。社交活动存在着无数不可预料的问题，而思维和想象都发生于解决问题的行为活动之前，属于超前反映的形式，它们是在必须探索新的解决问题办法的情境中产生的。例如，在社交中，要达成某种前所未知的协议，并不是目前的现场直接沟通协商能够实现的，必须在双方的适当竞争与妥协中努力使其向预定的方向发展。

（2）情感过程

情感过程是指人们对客观事物采取什么态度的过程。人们在认识客观事物时，不是冷漠无情、无动于衷，而是总带有某种倾向性的，表现出鲜明的态度体验，充满着感情的色彩。因此，情感过程是心理过程的一个重要内容，也是人与动物互相区别的一个重要标志。情感过程是在认识过程的基础上产生的一种伴随状态，即它是伴随着认识过程而引起的心理变化和外部表现。

所谓情感就是客观事物是否符合人的需求与愿望而产生的体验，是人对客观事物与人的需求之间关系的反映。情感是一个极其复杂的心理现象，最能表达人的内心状态，是人的心理活动中动力机制的重要组成部分，也是个性形成的重要方面。

与情感同一表现形式的还有情绪。情绪与情感同属于心理活动的范畴，是同一过程的两个方面。一般来说，情感是在相关的情绪稳固基础上发展和建立起来的，又通过相关的各种情绪形式表达出来。可以说情绪是情感的具体表现形式，在情绪发生过程中往往深含着情感因素。情绪具有较大的情景性、冲动性和暂时性，往往随着情景的改变和需要的满足而减弱或消失。例如，欣喜若狂时常常手舞足蹈，怒不可遏时常常暴跳如雷。情感则以内隐的形式存在或以微妙的方式流露，始终处于意识控制的范围。情感具有较大的稳定性、深刻性和持久性，经常被用来描述具有稳定而深刻社会含义的高级感情，例如学生对老师的尊敬，侨胞对祖国的热爱。

情感其实是有着不同形态的，按照发生的强度、速度、持续时间的长短和外部表现，情感可以划分为心境、激情和热情三个种类。

1）心境。心境的形成是由于多方面因素的刺激或者某种情绪蔓延的结果，它的强度是三种类型里面最微弱的，但却是人在一段时间内总体上的情绪体验和倾向，持续时间最长。由于心境的持续性和稳定性，它对人的整个行动趋向的影响也是比较大的。积极的、良好的心境能使人精神振奋，乐观地对待困难和挫折；而消极的、不良的心境会使人精神萎靡，意志消沉。因此在社交活动中，心境所起的作用也是非常大的。对于自身来说，要努力保持良好的心境，懂得自我调节和控制，这样也才能客观细致地了解社交对象的心境，并根据对方的心境作出相应的反应，采取适当的交往方式。

2）激情。相对于心境来说，激情是一种强烈而迅速的、短暂爆发性的情绪。它的外在表现往往非常明显且出乎人的意料，如暴跳如雷、极度哀伤等。激情有积极和消极之分，积极与理智和坚强的意志相联系，可以激发人们的潜能，推动人们克服艰险；消极会使人失去控制自己的能力，引起冲动性不考虑后果的行为。在社会交往中，激情的这种正反效果也对交往产生着极大的影响。一般应该控制自己的消极激情，尽量避免各种极端情绪的出现，保持稳定的情绪状态，要懂得发挥激情的积极作用，克服困难，吸引对方，开拓新的局面。

3）热情。热情可以说是一种比心境和激情更深刻的情感，它较之热情强烈却又不失稳定，较之心境持续又不乏有力。热情是意志行动的一个组成部分，具有控制人的整个身心、影响人的行为方向、推动和鼓舞行为的作用，巨大的热情是完成工作和学习，克服困难的有力保证。热情的作用也有积极和消极两种性质，这主要取决于热情发挥的作用对社会所产生的影响。如果是为一己之私而损害集体甚至国家的利益，就具有消极性质，如果是为国家和集体无私奉献则具有积极的性质。在社会交往中的大方向上，始终以集体的利益为先，发挥热情的积极作用，才能使与不同人在不同时间的交往持续顺利地进行，一味追求个人私利的交往是无法长久的。

(3) 意志过程

意志过程是指人自觉地确立目的，根据目的调节和支配自己的行动，克服困难以实现预定目的的心理过程。意志是人的主观能动性的充分体现。意志受情感的影响，也是认识过程进一步发展的结果，对人们的社会实践具有积极的促进作用。

意志对行动的调节，有发动和制止两个方面。前者在于推动人去从事达到预定目的所必需的行动，后者在于制止不符合预定目的的行动。意志调节作用的两个方面在实际活动中是统一的。例如，一旦对学习或者某项工作设定了一定的目标，同时也有了达到这种目标的决心，这样的决心一方面促使人们努力，另一方面又抑制人们去干与目标不相干的其他活动。意志不仅调节外部动作，还可以调节人的心理状态。当学生排除外界干扰，把注意集中于完成作业时，就存在着意志对注意、思维等认识活动的调节；当人在危急、险恶的情境下，克服内心的恐惧和慌乱，强使自己保持镇定时，就表现出意志对情绪状态的调节。

意志过程包括两个阶段，分别为采取决定阶段和执行决定阶段。

1) 采取决定阶段。采取决定阶段又可分为两个步骤，即动机斗争与目的的确定以及行动方式的选择与行动计划的制订。这一阶段人的意志力首先表现在动机的取舍和调整的矛盾斗争方面，正确动机选定后，还要确定正确的行动目标。确定目标时有双趋、双避和趋避三种形式的冲突，只有在这些心理冲突解除后，才能确定正确的目的。正确目标确定后，还要选择有效的方法和策略，才能制订切实可行的决策计划。

2) 执行决定阶段。执行决定阶段既是意志行动、情感体验和认知活动协调作用的过程，也是克服各种困难的过程。所谓困难，是实现有目的的行动的障碍，如与目的不符的各种动机出现，行动中出现意外情况，个性原有的消极品质如懒惰、保守、不良习惯、行动、环境带来的不愉快的体验等。因此这一阶段首先要克服内外困难，冲破种种阻力，执行决定。在失败挫折中执行计划是不断地总结经验教训，实事求是地调整修订计划，坚持行动，最后实现计划的过程。达到目标后，标志着一个意志行动过程的完成，但人的更为复杂的意志过程并没有完结，还需提出新目标，继续前进。要保证计划的实现，既需要有明确的目的和周密的计划作保证，也需要意志活动进行引导和调节。意志行动中所克服的困难越大，意志行动的特征就显得越鲜明。

上述所说的社交心理的三个过程,即认识过程、情感过程与意志过程。它们之间的关系并不是孤立的,而是一个统一的总体,它们相互联系、相互制约、相互渗透。

首先,认识过程是产生情感的基础。没有无缘无故的爱,也没有无缘无故的恨。情感过程能反作用于认识过程,这种反作用既有积极的,也有消极的。

其次,认识过程是意志过程的前提。只有通过认识过程对事物规律有所了解,才能确定意志过程的目的,选择实现目的的途径、方式、方法等。意志可以影响人的认识过程,使人在认识过程中更具有目的性和方向性。

最后,情感对意志有一定的影响。积极愉快的情感可以提高人活动的积极性,成为意志的动力;消极不愉快的情感会降低人活动的积极性,妨碍意志活动的进行。意志可以调节人的情感。意志坚强的人可以控制消极的情感,而意志薄弱的人会被消极的情感所左右。

3. 社交活动中的个性心理特征

个性心理特征是指人在心理过程中经常并且稳定地表现出来的心理特点。人在认识客观对象的过程中,会表现出不同的特点。例如,在能力上的差异:有人从小表现出超人的艺术、音乐的才能,有人则在数学才能上出类拔萃,这些是标志人在完成某种活动时潜在可能性的特征;有人做事快速灵活,而有人则做事迟钝稳重,这种在心理活动的强度、速度、稳定性、灵活性上的差异,是高级神经活动在人的行为上的表现,称之为气质;有人内向,有人外向,有人活泼开朗,有人则沉默寡言,这些人在对现实态度和相应的行为方式上的差异,被称为性格特点。上述能力、气质、性格上的特点,构成了人们心理上的差异,即个性心理特征。

(1) 气质

气质是一个人生来就具有的心理活动的动力特征。每个人生来就具有某种气质,它不依活动目的和内容为转移,是一种典型的、稳定的心理活动的动力特性。

气质是一个古老的概念。在古希腊时代,西方医学的奠基人、医学之父希波克拉底提出了体内四液说。该学说认为人体内有四种液体,即黏液、黄胆汁、黑胆汁、血液。他根据四种体液的配合又从心态上将人分为四种类型:在体液的混合比例中血液占优势的人,是热与湿的配合,其特点是温而润,好似春天一般;黏液占优势的人,是冷与湿的配合,其特点是冷酷无情,似冬天一样;黄胆汁占优势的人是热与干的配合,其特点似夏天,热而躁;黑胆汁占优势的人是冷与干的配合,其特点如秋天一般冷而躁。

许多科学领域的学者都对气质进行了探索研究，他们一般都沿用了希波克拉底关于个人气质的四种类型。

1) 多血质（活泼型）。多血质型以反应迅速、有朝气、活泼好动、动作敏捷、情绪不稳定、粗枝大叶为特征。其特点是热情并有显著的工作效能，反应迅速，适应性强，注意力易转移，具有明显的外倾性。

2) 胆汁质（兴奋型）。胆汁质型以精力旺盛、表里如一、刚强、易感情用事为特征。该类型的人整个心理活动笼罩着迅速而突发的色彩。

3) 黏液质（安静型）。该类型的人以稳重但灵活性不足，踏实但有些死板，沉着冷静但缺乏生气为特征。他们能较好地克制自己，遵守秩序，善于忍耐，情绪不易外露，具有内倾性。

4) 抑郁质（弱型）。抑郁质的人以敏锐、稳重、体验深刻、外表温柔、怯懦、孤独、行动缓慢为特征。其神经过程是弱的，不能忍受太大或太小的神经紧张。他们情绪体验丰富、敏感、细腻，具有内向性。

（2）能力

能力指的是直接影响人的活动效率的心理特征总和。人的能力绝不只是一般的认识特点或操作特点，不单纯是由固定的、理智方面的因素所组成，它属于活生生的个体的能力，它和每个人都具有的个性相联系，是由于个性把能力的各个特征有机地结合在一起，在每个人身上都表现出自己独特的风格，表现出个性差异，成为个性的一个侧面。例如，人的认识活动总要受到注意选择性影响，一个人为什么感知这方面的问题，而不感知另外一些问题；哪些信息被优先地储存在记忆宝库中；一个人采用什么方式对输入的信息进行加工；在他的记忆宝库中哪些东西最容易被提取；为什么有些东西在提取时会受到干扰，等等。这些理智方面的活动在不同的人身上都有不同的表现。

（3）性格

心理学把表现在人的态度和行为方面的比较稳定的心理特征称为性格。性格就是由各种特征组成的有机统一体。在日常生活中，我们常常讲到人的个性，实际上主要是指人的性格。性格贯穿着一个人的全部心理活动，调节着整个行为方式。恩格斯说："人的性格不仅表现在他做什么，而且表现在他怎样做。"

性格是非常复杂的心理构成物，它有着多个侧面，主要有以下几个方面：一是对现实的态度特征，即人在处理各种社会关系方面表现出来的性格特征，包括对社会、对集体、对他人的态度，对劳动和劳动产品的态度，对待自己的态度。二是性格的意志特征。如有的人意志坚强，锲而不舍，有的人意志薄弱、容易动摇。三是性格的情绪特征。如有的人情绪稳定，有的人则喜怒无常。四是性格的理智特征。指人在感知、记忆想象和思维等方面表现出来的特征。性格反映着人的生活，同时它又影响人的生活方式。

性格这一个性心理特征是影响人际交往最关键的因素。通过了解不同的性格，我们可以了解交际对象的态度特征以及行为方式，以下介绍几种不同性格的人：

1）性格热情活泼的人。这种性格的人爱挑战，富创意，喜欢学习新知识，做事积极有效率，应变能力强。由于他们的热情主动、活泼外向，经常会成为人群中的焦点和灵魂人物，他们总能够将众人的注意力吸引到自己身上。这种性格的人过于自主，爱表现自己的做事方式，常常会招致他人嫉妒，但总的来说，他们不记仇，主动体贴的性格仍能使他们在朋友同事中保持较好的人缘。这样的人在生活和工作上常常是很好的伙伴。

2）性格细致谨慎的人。这类人与性格热情活泼的人相反，他们不爱出风头，个性温和，善于察言观色，做事小心谨慎。他们通常埋没在人群中，很少站出来发表自己的意见，与人相处和谐，给人的印象是不带威胁性和攻击性，因此在人际交往中也是颇受欢迎的。但也正因为他们不露锋芒，别人就很难了解他们内心真正的想法，从这点上来说，他们比爱表现自我的人更具威胁性。

3）性格急躁的人。具有这种性格的人，雄心很大，有进取心，时间观念特别强，而且闲不住，但易急躁，他们往往是强势有余圆滑不足。与这种性格的人相处初期，可能极易产生冲突矛盾，但时间久了，就会发现其实与他们相处比较轻松，很少需要耍弄心计。

4）性格沉稳冷静的人。此类人拘谨、内敛，喜欢事事有条不紊，无法接受杂乱无章的东西。他们并不善于表现自我，但是他们的观察力是很敏锐的，总是能客观冷静地对待并判断周围的人和事，也因此他们总是能给出客观的意见和建议，这也使得他们很容易获得他人的信赖。

5）性格高傲的人。高傲者一般比较看重自我形象，自我评价较高，自我感觉良好。有一些人甚至态度傲慢，目中无人，这样的人通常是很不受欢迎的。比如大家所熟知的名著《傲慢与偏见》中，女主人公在最初之所以对男主人公抱有很大偏见，就是因为在初期的接触中，男主人公给她留下了傲慢无礼的印象。

6）性格固执的人。性格固执犟的人，做事喜欢"一头碰倒南墙"，敏感多疑，喜欢嫉妒或责备别人。他们易躁易怒，常跟别人发生摩擦。在工作和生活中，自以为是，不听别人意见。这样的性格使得他们人缘不佳，也经常无法很好地完成工作。

以上所列举的几项性格特征并不是绝对独立的,也就是说,同一个人往往集几种特征为一体,这也使得一个人的性格兼具优缺点。而在实践中,如果不正确看待自身的缺点,任其发展,也会给生活和工作造成不良的影响。

在日常的工作和生活中,我们常常会遇到性格固执傲慢的人,那么面对这种人,我们该如何与其交往呢?

跟固执的人发生争执时,很难占上风,他根本容不得你反驳,但是抓住其心理特点,沟通就容易一些。在与他沟通时,一定不要把自己的观点直接呈现给他,更不能让他察觉你试图说服他,这样会更引起他的逆反心理,应该把你的意图隐藏起来,采用间接的方式,比如用请教的方式,先把他放在一个较高的位置,使他产生被重视的感觉,消除其心理上的戒备和抵触情绪,这样他的态度往往容易转变。另外,还要注意固执的人是什么样的文化程度,对于文化程度不高的固执者,提供单一信息,说服效果较好,但是对于文化程度较高的固执者,一定要提供较多信息,尤其是正反两方面的信息,让他自己分析。

对于过于傲慢的人,说话应该简洁有力,尽量简单扼要地与其交涉,不要过多地纠缠于他的态度,忽略这些细枝末节的东西,尽快抓住事情的核心。高傲的人自恃知识渊博,见多识广,经常表现出唯我独尊的傲气。面对这种傲气者可以巧妙地设置一个对方无法回答的难题,暴露对方的无知或者缺陷,从而挫败其傲气。

总之,在人际交往中,面对多样的个性,首先应该尊重这些个性的多样性,而不能用同一标准来要求所有人。在这一前提下,还必须尝试去了解不同个性的特征,并学会用相应的手段和方式与不同个性的人接触交往。

第 2 节　社 交 动 机 与 社 交 知 觉

1. 社交动机概述

动机是心理学一直十分关注的问题,分析人们的交往行为时,必须揭示其交往的动机。只有知道交往的动机,才能判断其行为的出发点,才能预见其行为重复出现的可能性,从而实现对交往行为、过程和结果的控制。

(1) 社交动机的含义及其产生

1) 社交动机的含义。动机是直接推动人进行活动的内部动力,是引起、推动、维持与调节个体行为，使之趋向一定目标的心理过程。一个人的一切活动几乎都是在动机的驱使下进行的。

社交动机是指个体愿意归属于某一团体，喜欢与人交往，希望得到别人的关心、友谊、支持、合作与赞赏。交往动机是个体愿与他人接近、合作、互惠并发展友谊的内在需要。

美国心理学家亚佛斯德在《支配人类行为的力量》一书中写道："人类的行动都因心理的欲求而产生。想说服或感动他人，必先激发对方的欲望，方可获得众人的支持。"他认为社交动机是追求"众人的支持"。也有学者把交往动机分为三种基本范畴：一是包容，即与他人互动、联系的愿望；二是控制，即在控制与权力方面与他人建立一种感到满意关系的愿望；三是情感，即在友爱亲昵方面，与他人建立一种感到满足、亲密关系的愿望。

2）社交动机的产生。关于人们为什么倾向于跟人在一起有两种不同的观点。其中一种观点认为：人们是为了排除自己的恐惧才选择了与别人交往的行为。美国心理学家沙赫特（S. Schachter）曾做过一个实验验证上述观点。实验中，被试者被带到一个有许多实验仪器的实验室，并让所有的被试者明白，实验与电击有关。有些被试者被告知，实验中将有极为痛苦的电击，其他被试者则被告知，电击只是稍微有点刺痛。实验者假设强电击的被试者比弱电击的被试者更加恐惧。实验者告诉被试者要检修设备，实验推迟10分钟，让所有的被试者跟其他人一起等。结果发现：60%的高恐惧的人选择了与其他人一起等，而只有1/3的低恐惧的人选择与其他人一起等。实验表明，恐惧使人们的交往倾向加强。另一种观点则认为，人们之所以喜欢交往，是因为人们想通过与别人的比较来评价自己，同时也通过与别人的比较，来评定在某些情景中自己的感受与情绪体验是否合适。正是这种社会比较过程，加强了人们的交往动机。

实际上，人的社交动机是一个受多种条件制约和影响的复杂心理所构成。社交动机的产生有以下几个原因：

①自我动力。人的这种自我的动力包括兴趣、信念、归属感等。兴趣是人的认识需要的情绪表现，它是推动人们认识活动的内部机制；信念是激励人们按照自己的观点、原则和世界观去行动并被意识到的需要系统；归属感是人们希望自己能成为某一社会群体中的一员，被其他成员所认可的需要表现，归属感是一种获得支持、依赖与认可的安全感。

②外部压力。人类生活在一个大的社会网络系统中，与他人合作共处是我们社会文化价值所鼓励的。在人类社会生活中，一个人的生存是离不开与其他人的合作

的。人不可能绝对孤独地与世隔绝生活，合作是人类基本的社会生存动机。外界压力主要包括必须履行的职责，领导和亲友的期望，上级的督促、检查，组织的批评、惩罚，经常的评比竞赛，强大的群众舆论等。外界压力是有形无形地强加于人的一种力量，迫使人们不得不前进，从而使人产生交往动机。

③目标引力。目标引力主要是指适宜的刺激强度，社交活动总是带着一定目的性的，这种对于目标的期望，也成为动机的一部分。有学者指出："人可能因金钱之类的物质利益或职业上进之类的需要而从事工作；他可能受地位或与他人交往的需要所驱使……它只是完成工作任务的手段，而不是工作本身。这种状态是外部的，沉浸于自我的动机。"实践证明，目标引力的条件越充分，对人的吸引力越大，越能够激发人积极的交往动机。

（2）关于社交动机的若干理论

1）社会交换论。社会交换论是主张从经济学投入与产出关系的视角研究社会行为的理论，重点强调的是"人们之间的互动是物质与非物质的一种交换"。社会交换理论的创始人是美国社会学家霍曼斯，其他代表人物有布劳、埃莫森等。社会交换论是综合了操作行为主义的强化理论、经济学边际效用递减理论以及功能文化人类学、社会学的一些观点而发展起来的。

霍曼斯提出社会交换论一组普遍性命题：

①成功命题。个体的某种行为能得到相应奖赏，他就会重复这种行为。某一行为获得奖赏越多，重复行为的频率就越高。

②刺激命题。相同的刺激可能会带来相同或相似性行为。例如，某人过去在某种情况下的活动得到了奖赏或惩罚，而在出现相同的情况时，他就会重复或不再重复此种活动。

③价值命题。某种行为的结果对个体越有价值，他重复这种行为的可能性越大。

④剥夺与满足命题。个体或群体重复获得相同奖赏次数越多，则该奖赏对个体的价值越小。

⑤攻击与赞同命题。该命题包括两方面：当个体行为没有得到期待的奖赏或受到出其所料的惩罚时，他可能产生愤怒情绪，从而出现侵犯行为；反之，如果个体行为得到甚至超过预期的奖赏，或没有受到预期的处罚，他可能会高兴，就会赞同该行为。

霍曼斯将以上五个命题看成是一组"命题系列"，强调它们之间相互联系的重要性，并认为只要将五个命题综合起来，就能够解释一切社会行为。霍曼斯指出，利己主义、趋利避害是人类行为的基本原则，由于每个人都想在交换中获取最大利益，结果使交换行为本身变成一种相对的得与失。对个人来说，投资的大小与利益的多少基本上是公平分布的。

从心理学的视角来看，社会交换论在具体研究过程中是存在许多问题的。首先，由于受行为主义心理学的影响，社会交换论抹杀了人类行为与动物行为在本质上的差别，不是从人的社会关系、社会的动态过程出发去揭示人的动机和需要的形成与变化，而是把人的行为看成和动物行为一样是有机体对外界刺激的本能反应，忽视人的心理对于社会环境的能动性；其次，社会交换论企图以本能的、主观的心理去说明社会关系，并最终把社会制度、社会组织和社会结构都归结为由人的本能的、主观的心理决定的，颠倒了主观心理与客观的社会环境的关系，人的需要与动机是社会过程的结果而不是社会过程的原因。

2）自我呈现交往理论。自我呈现交往理论是美国社会学家欧文·戈夫曼所提出的观点，他认为，社会交往是一种社会互动的过程，参加社会交往的人就是通过各种符号媒介，向他人呈现自我属性。

在戈夫曼的《日常生活中的自我呈现》一书中把人的社会交往比作演戏，把"场所"（社会）比作剧场，社会成员则在这里按照社会剧本的需要扮演角色，以取得别人的赞许，而演出又受到十分警觉的观众的鉴定。在日常生活中，每个人都在做戏，小心翼翼地表现自己，以把握自己给他人造成的印象，从而使自身形象能最好地为自己欲达到的目的服务。戈夫曼认为，一场演出要包括三种人：演员、观众和观察者。演员或集体表演，或演独角戏。他们使用"道具"，对照"剧本"，登上"舞台"，并活动于"前台"和"幕后"之间。戈夫曼把专门为陌生人或偶然结识的朋友所做的动作称为前台行为，而将只有关系更为密切的人才能看到的暴露演员真实感情的动作称之为幕后行为。例如，饭店的服务员在"前台"接待顾客时扮演的若是一种恭维的角色，回到"幕后"——厨房以后扮演的也许是一种批评的角色："你看他那副样子！"所以，人类的演出一般都具有欺骗性，人不会在"前台"暴露自己的真实感情。

戈夫曼这种拟剧理论关注的是日常生活中人们如何运用符号预先设计或展示在他人面前的形象，即如何利用符号进行表演，并使表演取得良好效果，其研究重点在"互动"，用他自己的话说，就是"在互相直接见面的时候，一个人与另一个人行动的交互影响"。

3）认知失调论。该理论由美国社会心理学家利昂·费斯汀格（Leon Festinger）于1957年在《认知失调论》一书中所提出。认知失调论的基本要义为：当个体面对新情境，必需表示自身的态度时，个体在心理上将出现新认知（新的理解）与旧认知（旧的信念）相互冲突的状况，为了消除此种因为不一致而带来紧张的不适感，个体在心理上倾向于采用两种方式进行自我调适，一种为对于新认知予以否认，另一种为寻求更多新认知的信息，提升新认知的可信度，借以彻底取代旧认知，从而获得心理平衡。这个理论在性质上是解释个体内在动机的主要理论，故而被广泛用以解释个体态度改变的重要依据。

认知失调理论在探讨人对自身活动的认识与外界事物发生过程之间的联系时，指出人的行为对态度转变或持续的先行作用，这在理论上是对社会心理学的一项贡献。在此之前，人们强调的是态度先于行为，有什么样的态度就有什么样的行为，但认知失调理论提醒人们注意另一方面的情况，即人的行为也可以是态度改变或更加坚定的先行条件，已做出的行为引起人的内部不协调感，从而发生态度的改变。这一看法对人们的社会生活尤其是社会交往具有指导意义。

2. 社交动机预测

（1）动机与需要

社会交往是人类生活的需要，而需要是人们产生社交动机的前提。当人的需要还处于原初状态，需要的目标还未被发现时，就无法成其动机。因此，可以从需要来预测人们的社交动机。

1）需要的概念。需要是人的一种主观状态，是人对必须的客观事物如生活条件和发展条件的需求和反映。人的需要，一方面是由于生理上的需求，即机体需要，这是人最基本的需要；另一方面也是更主要的是由于社会需要，这种需要是由人所生活的环境决定的，例如交流信息、沟通感情、开阔视野、适应社会发展需要等，这些社会意义上的需要都是社交动机产生的根源。

2）需要的层次。人的需要是多种多样的，需要可以分为生理需要和社会需要，这两种需要并不是彼此孤立的，古语云："仓廪实则知礼节，衣食足而知荣辱。"满足了生理需要后便产生了社会需要，而有了社会需要也绝不可能抛下生理需要。人的需要是发展的，即需要具有层次性。需要的层次不一样，社交动机自然也就不同。

美国人本主义心理学创始人马斯洛（A. H. Maslow）把需要分成生理需要、安全需要、社交需要、尊重需要和自我实现需要五类，依次由较低层次到较高层次。

①生理需要。这是人类维持自身生存的最基本要求，包括饥、渴、衣、住、性等方面的要求。如果这些需要得不到满足，人类的生存就成了问题。在这个意义上

说，生理需要是推动人们行动的最强大的动力。

②安全需要。这是人类要求保障自身安全、摆脱事业和丧失财产威胁、避免职业病的侵袭、接触严酷的监督等方面的需要。马斯洛认为，整个有机体是一个追求安全的机制，人的感受器官、效应器官、智能和其他能量主要是寻求安全的工具，甚至可以把科学和人生观都看成是满足安全需要的一部分。

③社交需要。社交需要包括对友谊、爱情以及归属关系的需要。当生理需要和安全需要得到满足后，社交需要就会突出出来，进而产生激励作用。友爱的需要，即人人都需要伙伴之间、同事之间的关系融洽或保持友谊和忠诚；归属的需要，即人人都有一种归属于一个群体的感情，希望成为群体中的一员。

④尊重需要。尊重需要既包括对成就或自我价值的个人感觉，也包括他人对自己的认可与尊重。有尊重需要的人关心的是成就、名声、地位，这是由于别人认识到他们的才能而得到的。当他们得到这些时，不仅赢得了人们的尊重，同时就其内心因对自己价值的满足而充满自信。马斯洛认为，尊重需要得到满足，能使人对自己充满信心，对社会满腔热情，体验到自己活着的用处和价值。

⑤自我实现需要。这是最高层次的需要，它是指实现个人理想、抱负，发挥个人的能力到最大限度，完成与自己的能力相称的一切事情的需要。马斯洛提出，为满足自我实现需要所采取的途径是因人而异的。自我实现的需要是在努力实现自己的潜力，使自己越来越成为自己所期望的人物。从某种意义上说，个体之所以存在，生命之所以有意义，就是为了自我实现。

我们应该明白，需要的层次是一个动态结构，它往往集中于个体一身，有时又是围绕一个中心层次同时作多层次的追求。根据需要层次理论，我们就可以根据不同层次预测甚至确定交往对象的动机，有计划、有目的地进行社交活动。

（2）动机与目标

未被满足的需要是动机产生的前提，而能满足的目标是动机产生的条件和激励因素。在个人的需要未被满足的情况下，出现满足需要的目标后，需要就会立即转化为动机，促使人去行动，以达到目标。目标在这一过程中起到了激励的作用，因此，应该认真分析交往对象周围客观事物的刺激目标，找出较适当的刺激，以及哪些事物对其是新奇的，哪些更有利于其发展等。

有一个著名的心理寓言故事，一群孩子在一位老人家门前嬉闹，叫声连天。几天过去，老人难以忍受。于是，他出来给了每个孩子25美分，对他们说："你们让这儿变得很热闹，我觉得自己年轻了不少，这点钱表示谢意。"孩子们很高兴，第二天仍然来了，一如既往地嬉闹。老人再出来，给了每个孩子15美分。他解释说，自己没有收入,只能少给一些。15美分也还可以吧,孩子仍然兴高采烈地走了。第三天,老人只给了每个孩子5美分。孩子们都很生气:"一天才5美分,知不知道我们多辛苦!"他们向老人发誓,他们再也不会为他玩了!当然,在这个故事里,老人的做法首先是为了满足自己需要安静的需要,这个我们暂且不论。老人找准刺激目标——美分,成功地使孩子们最初的动机"为自己快乐而玩"变成了"为得到美分而玩",孩子们有了对钱的需求,而老人愿意满足他们这一目标,所以他们愿意行动,而一旦老人不能满足他们这一需求后,他们便理所当然地停止玩耍了。

3. 社交知觉概述

(1) 社交知觉的含义及其内容

1) 社交知觉的含义。社交知觉是指个人在社交活动中对他人(某个个体或某个群体)的心理状态、行为动机和意向(社会特征和社会现象)做出推测与判断的过程。社交知觉是一种最基本的社会心理过程,是认识人的第一步,它作为"人对人的认识",不仅是对人的外貌、衣着的认识,而且是对人的内在世界、思想、感情和价值观念的认识。因此,社交知觉的"知觉"一词,其含义与传统普通心理学中的"知觉"也有所不同。在传统普通心理学中,知觉不包括判断、推理等认识过程。这里的知觉则既包括对人的外部特征的知觉,也包括对人的个性特点的理解,对人的行为的判断和解释。这里的知觉相当于认识,一个人在通过视觉、听觉、嗅觉感知他人的外貌、说话声音等特点的同时,还会对他的年龄、性格、习惯等做出相应的判断。在社交知觉里,感觉、知觉、记忆、思维以及想象等心理过程都是缺一不可的。

2) 社交知觉的内容。社交知觉的内容涉及范围很广,按知觉对象的不同可分为对他人知觉、自我知觉和人际知觉。

① 对他人的知觉。对他人的知觉是指在与他人的接触交往中,通过对他人的外部特征的了解,进而对其内部品质即性格、情感、动机的推测和判断的过程。知觉他人的依据可以分为外表、言语活动和动作。

外表包括人的面部表情和仪表风度等。一个人的仪表包括容貌、风度、服饰、发型等直观的特征。人们在对他人的仪表进行观察时总是倾向于美好的东西。仪表堂堂、风度翩翩、衣着整洁,会给人们留下好的印象,而相貌丑陋、蓬头垢面、衣衫不整,会给人们留下不好的印象。人的面部表情可能反映一个人的内心状态或经历,如心里高兴就会笑容满面,心里发愁就会愁眉不展。一个性格忧郁的人,眉心和嘴角就会有较多皱纹,而外向开朗的人,面部肌肉就比较松弛、平滑。

言语活动包括人说话的语音、语调、速度、节奏以及通过这些因素表现出来的言语表情。很多情况下，言语表情能准确反映一个人的真实心理状态。同样的一段文章用不同的言语表情表达能使人产生不同的感觉，平铺直叙会产生索然无味的感觉，拿腔拿调会产生装腔作势的感觉，抑扬顿挫则会引起强烈的共鸣。

人的动作身姿是反映一个人个性特征或态度的重要指标。很多研究者认为，有声语言主要是传递信息，而动作等无声语言主要用来表达态度和感情。如耸耸肩表示无奈或者漠不关心，竖起大拇指表示赞扬，对别人瞪眼表示生气，等等。

对他人的知觉，尤其是内心世界的知觉必须通过长期的观察才能达到全面准确。

②自我知觉。自我知觉就是自己对自己的认识，是个体对自己的外部行为以及心理状态的认知。一个人能正确地认识自己是有效地从事社交活动的前提，也是社会化成熟的标志。在自我知觉的过程中，个体既是知觉的主体，又是知觉的客体，因此自我知觉既带有主观性又带有客观性。

自我知觉是一个十分复杂的过程，人对自己的情绪和态度等常常也是不明确的，因此，不得不借助周围的环境来判断自己的行为所透露出的意义。

首先，自我知觉是在交往过程中随着他人的知觉而形成的，通过对他人知觉的结果和自我加以对照、比较才使他产生对自己的表象。马克思曾指出："人降生时是没有带镜子来的，他是把别人当镜子来照自己的。"我们所属的社会群体是我们观察自己的一面镜子，通过与他人的沟通，可以从他人对自己的评价中看到自己的形象。他人对自己的评价，对自我知觉有很重要的作用。

其次，自我知觉可以借助与社会规范的比照来实现。作为社会的一员，每个人的思想、观念和行为、表现是否符合社会的要求，可以通过与社会常规模式和社会规范的比较，及与多数人的行为的对比，来衡量自己能力的大小、品行的优劣、行为的得失，从而对自己产生一个比较全面的认识。这不仅是社会个人评判的过程，也是个体对自我认识的过程。

最后，自我知觉可以通过自我期望和自我测验来实现。每个人对自己的未来都有一定的期望，在实现这种期望或者说目标的过程中，可以通过不断的比较，测试自己当下阶段与期望值的距离，并更好地知觉自己目前所处的位置。

③人际知觉。人际知觉是指个体对个体的相互认知，仅限于对社交活动中相互关系的认知，它是从社会交往的角度，认识了解交往对象的个人特点，控制自己的行动，预测他人的行为，为采取适当有效的行动提供可能的信息。

人际知觉包括认识自己与他人的相互关系以及他人与他人的相互关系。这些关系是人与人之间的内在联系,不可能像对他人外部特征的认知一样通过感觉器官就能感受到,而是需要根据对外部特征、内部状态等进行深入分析。对人与人关系的知觉在社交活动中的意义是非常重大的。社会交往中,只有正确认识人与人之间的相互关系,根据这种关系调整控制交往的状态,努力协调好人际关系,为交往提供最好的条件,才能使交往更顺利地进行。

3) 社交中的归因理论。所谓归因,就是为了预测和评价人们的行为并对环境和行为加以控制而对他人或自己的行为过程所进行的因果解释和推论。

社会学对归因问题的研究有一系列的理论,其中海德、维纳和凯利的研究最具代表性。

①海德(F. Heider)的归因理论。美国社会心理学家海德重视对人知觉的研究,认为对人知觉的研究实质就是考察一般人处理有关他人和自己的信息的方式。他像一个"朴素心理学家"那样去寻求对行为的因果解释。在海德看来,行为的原因或者在于环境或者在于个人。海德关于环境与个人、外因与内因的归因理论成为后来归因研究的基础。他认为,对人的知觉在人际交往上的作用就在于使观察者能预测和控制他人的行为。他认为人类有两类需要,即对周围世界进行理解和控制的需要。他认为通过分析可得知人们行动的原因,并可预言人们如何行动。这就是人们进行行动归因的内在原因。

归因可以分为内归因和外归因,稳定性归因和非稳定性归因。内归因是行为者内在的原因,如人格、情绪、意志等;外归因是产生行为的环境因素,如工作设施、任务难度、机遇等。研究表明,人们总是作比较有倾向性的内归因或外归因。对自己的成绩常作内归因,对他人的成绩出于嫉妒,可能作外归因。稳定归因是导致行为的相对不变因素,如内在的能力、气质,外在的工作难度等;非稳定归因是相对易变的因素,如内在的情绪、外在的机遇等。

②维纳(B. Weiner)的归因理论。美国心理学家维纳于1972年发展了海德的归因理论。维纳继承了海德关于内外因的分类,但他认为,内因、外因方面只是归因判断的一个方面,还应当增加另一个方面,即暂时、稳定方面。这两个方面都是重要的,而且是彼此独立的。暂时、稳定方面在形成期望、预测未来的成败上至关重要。例如,如果我们认为甲工作做得出色是由于他的能力强或任务容易等稳定因素造成的,那么就可以期望,如果将来给予同样的任务他还会做得出色;如果我们认为其成功的原因是由于他心情好或机遇好等暂时因素造成的,那么就不会期望他将来还会做得出色。

由此可见,如果人们把成功归因于内部原因,如能力、努力,就会获得满意感；如果把成功归因于外部原因，如工作简单，则会感到出乎意料；如果人们把成功归因于稳定因素，如能力强，工作简单，就会提高以后的工作积极性；如果把成功归因于不稳定因素，如努力、幸运，则以后的工作积极性可能提高，也可能降低。

③凯利（H. H. Kelley）的归因理论。美国社会心理学家凯利提出，可以使用三种不同的解释说明行为的原因：一是归因于从事该行为的行动者；二是归因于行动者的对手客观刺激物；三是归因于行为产生的环境。以某员工工作出现错误为例，可以归因为他自己不够努力，也可以归因为上司安排有误，还可以归因为客观环境。这三个原因都是可能的，问题在于要找出一个真正的原因。凯利认为，要找出真正的原因主要注意三种行为信息，即一致性、一贯性和特异性。

一致性指其他人对同一刺激物是否也做出与行为者相同的方式反应。如果每个员工工作都出现错误，那么这种错误具有较高的一致性，主要责任不能归因于员工。

一贯性指行动者的行为是否一贯，即行动者的行为是否稳定持久，如该员工是否工作向来容易出错，如果是，则一贯性高。

特异性指行动者是否对同类其他刺激做出相同的反应，他是在众多场合下都表现出这种行为还是仅在某一特定情境下表现这一行为。例如，该员工是否经常表现得自由散漫，违反规章纪律。如果行为的区分性低，则观察者可能会对行为内部归因；如果行为的区分性高，则活动原因可能会被归于外部。

凯利从这里引出结论：如果一致性低、一贯性高、特异性低，则应归因于行动者；如果一致性高、一贯性高、特异性高，则应归因于对手；如果一致性低、一贯性低、特异性高，则应归因于环境。凯利强调了三种信息的重要性，所以他的理论又称为"三度理论"。这个理论是个理想化的模型，我们并不知道某人在以前的场合的行为，也不知道其他人在同样场合下的行为，因此人们实际上往往得不到这个模型所要求的全部信息。

(2) 影响社交知觉的因素

社交知觉是一个复杂的知觉过程，实际影响并制约社交知觉过程的因素也是很多的。社交知觉由三方面因素组成，分别为知觉的主体（知觉者）、知觉的客体（被知觉者）以及知觉的情境方面。

1) 知觉的主体（知觉者）。知觉者作为知觉的主体，在社交知觉过程中起重要作用，它直接影响着社交知觉过程。而知觉者的动机、已有的经验、个人的情感等又是其关键因素。另外，即使是对于同一个知觉对象，不同的人也往往会产生不同的知觉。这种知觉的个别差异更多地取决于人们各自主观状态的不同。这种影响因素主要有以下几点：

①动机。一个人是否有与其他人交往的动机，以及交往动机的内容、强度等，对于知觉有重要影响。美国心理学家约翰·阿特金森（J. W. Atkinson）利用速视器做了一个实验测试交往动机强弱不同的人具有什么不同的反映。他向被测试者快速展示四张一组的图片。每组图片中有一张是人物脸，其余三张则是一些类似于人头的画面。他要求被测试者回答"看见的是什么"，最后结果表明，交往动机强的人对于人物的脸知觉得更为清楚，他们比交往动机弱的人对人物的脸的知觉更敏锐。

②已有经验。人们从学习、工作等方面所获得的经验，会在很大程度上影响人们对知觉对象的选择、解释。过去的经验往往使知觉更清晰、更迅速。缺乏有关的经验是不可能凭借人的外部形象推断他的内部特点的。

每个人已有的社会经验不相同，知觉过程中观察的角度也就不一样，了解的重点和层次也不同，所以知觉的内容和结果也不尽相同。巴格比（J. J. Bagby）在1957年利用立体镜对美国人和西班牙人的知觉作了对比研究。立体镜的右边是西班牙人比较熟悉的斗牛幻灯片，左边则是美国人熟悉的棒球比赛的幻灯片。被测试者需要回答"看到了什么"，按照正常情况，应该是什么都没看清或者两个幻灯片都看到了。但实验结果却并非如此，有74％的西班牙人只看到了斗牛，84％的美国人只看到了棒球比赛。可以看出，人们的文化背景不同、已积累的社会经验不同，对同一事物的知觉结果也不一样。

③情感状态。个体的情感体验、情绪状态也会影响知觉活动的积极性。比如一个人在心情愉快的时候，会把周围一切事物都看得比较美好，而在心情压抑的时候，则觉得一切东西都是破坏心情的。有实验表明人们倾向于用自己当时的情绪状态去解释判断他人的面部表情。美国当代著名心理学和管理专家弗雷德·菲德勒的研究发现，对某人有好感，比较容易从其身上找到与自己的相似处，而对某人有恶感时，便觉得此人与自己很不相同。

2）知觉的客体（被知觉者）。知觉客体所具有的一些特点也会影响知觉者的认知，这些特点包括知觉客体本身内在的因素以及其自我暴露的程度等。

①知觉客体本身因素。社交知觉总是选择具有较大社会价值和社会意义的个人或者群体作为知觉的客体。由于知觉客体的社会价值和社会意义不同，社交知觉的结果也不相同。一般来说，知名度和美誉度都高、社会评价好的人容易得到知觉者的接受和认同，知名度高而美誉度差的人会引起人们的反感和拒绝。

另外，知觉客体与背景的差别越大，则越容易从背景中将其区分出来。如教师带着一群幼儿园的孩子玩耍，那么这名教师就很容易被从背景中区分出来。

②自我暴露。在社交活动中，知觉客体是否愿意让别人了解自己，他的自我暴露程度如何，往往影响着社交知觉。人们往往会突出自己某些方面的属性而隐藏其他方面的属性，不完全属性的暴露使得知觉主体对其的印象就变得片面了，不同知觉主体对同一客体的印象也可以完全不同。例如，对同一个人，有人会觉得他开朗热情，有人则会觉得他深沉世故。另外，很多情况下，作为知觉客体自己也不清楚自己的思想感情，他所表达出来的意思也会使得知觉主体感到困惑。可见，知觉客体的自我暴露总是在有意或无意地引导着主体对他的认知。

3）知觉情境。一个人在什么情境下认识和了解人、事、物也很重要，周围的环境因素影响着人的知觉。这些情境因素包括时间、工作环境、社会环境等。而一个人所处的环境和文化背景也影响着他人对他的认知。研究表明，辨认一个画面上人物的表情时，画面上的背景具有强烈的影响作用。有学者认为仅仅是人的脸与身体表情一致是不够的，假如一个人在笑，那就只有借助背景的线索，才能查明这种笑究竟是什么含义。

影响社交知觉的因素除了上述三个方面外，比较值得一提的还有一些心理因素：

①第一印象。第一印象又称为首因效应，是指人与人初次见面而给彼此留下的印象，它对以后的人际交往产生重要的影响作用。第一印象的形成与我们知觉的恒常性有关，当不同的信息结合在一起时，人们总是倾向于重视前面的信息，即使也注意到了后面的信息，也会认为后面的信息是非本质的、偶然的。当人们接受了前面的信息后，就会按照既有信息来解释后面的信息，即使后面的信息与前面的信息不一致，也会屈从于前面的信息，从而形成整体一致的印象。

②晕轮效应。晕轮效应又称光环作用，是指对一个人的某种特性形成肯定或否定的印象后，人们倾向于将其推论到该人的其他特性上。这是一种以偏概全的主观倾向，其实质是把各种没有必然联系的特性予以叠加和类化。晕轮效应的形成与人们知觉上的整体性有关，在知觉客观事物时，人们并不是对知觉对象的个别属性或部分孤立地进行认知，而是倾向于把具有不同属性、不同部分的对象知觉为一个统一的整体。

③刻板效应。刻板效应又称定型效应，是人们用刻印在自己头脑中的关于某人、某一类人的固定印象，作为判断和评价人依据的心理现象。刻板效应的产生与人们知觉的选择性有很大关系，人们在知觉客观事物时，是有所选择地以少数事物

作为清晰的知觉对象,这种选择性,使人们对对象的知觉更简捷,更能抓住对象最明显的特征。

④定势效应。定势效应又叫心向,它是人们对一定活动的一种准备状态,而定势效应则是这种准备状态对随后的反映活动、信息加工产生的影响。心理定势的形成与人们知觉时的理解性有关,过去的经验、已有的文化背景和观念,会使人们根据主观理解来知觉客观事物。

第3节　社会交往中的心理应对方式

1. 社会交往中的人际吸引

（1）人际吸引的含义

在社会交往中,人们不仅相互知觉,相互认识,而且也形成一定的情感联系。这种情感联系集中表现在人际吸引上。

人际吸引是指个人在主观上体验到人与人之间在空间和时间上直接或间接的相互依存关系,是在人际交往中产生的相互接近及想象中（希望）的相互接近。人际吸引是人际关系中人们彼此相互欣赏、接纳的亲密倾向,它是人类的基本心理因素之一,是形成良好人际关系的重要基础。

人际吸引包括的对象是十分广泛的,根据相互作用的三种成分可以分为三类,即人的相互感知与理解、个人间的喜爱、相互影响与行为因素。人与人之间的喜爱是人际交往稳定性、深度、亲密性的主要调节器。

（2）影响人际吸引的因素

1) 个人特性。个人的特性包括外表、品质和能力等因素。

①外表的吸引力。喜欢美的东西是一种自然倾向,外貌美对于第一印象的形成尤其重要。在以后的交往中,从心理上往往很难消除对外表所产生的影响。外貌美还可以产生一种光环效应,认为外貌美的人也具有其他实际上并不一定具有的优良品质。美的东西是好的,好的东西也被认为是美的。另外,外貌美还具有一种散逸效应,与漂亮的人在一起,人们往往觉得能有助于提高自己的形象和知名度。

②个性品质。在社会交往中,人的个性品质,如诚实、聪明、热情等也是产生吸引力的重要因素。心理学家安德森（N. Anderson）制定了一张表,其中列举了

555个用来描绘个人品质的形容词，并让参与试验的大学生指出他们所喜欢的品质。结果评价最高的品质是真诚，而评价最低的则是说谎、虚伪。一般来说，在现实中，对他人友善、乐于助人、有进取精神的人总是比较吸引人，具有这些良好品质的人，往往也是在群体中比较受欢迎的人，当然不具备这些品质的人，就会成为群体中被孤立的人。人们在良好品质的数量和质量上的差异，就决定了人们所具有的吸引力的不同程度。

③能力。能力是人们在社交活动中所展示的智力和社交技巧等，一般来说，人都倾向于喜欢有能力的人，因为非凡的智力和才能正是人们自己缺乏而又非常渴望拥有的。但是在实际的情况下，并不是有能力就能吸引人。所谓"人无完人"，一个人如果事事表现得无懈可击，过于完美，就会让别人产生一种距离感。对于一个有能力的人来说，偶尔出错，暴露出一些弱点，并不会使他失去吸引力，相反地，人们会觉得这样更真实，更像个凡人，更容易接近。

2）相似性。相似性是指人们往往喜欢那些与自己相似的人。这里所说的相似性不是指客观上的相似性，而是人们感知到的相似性。感知到的相似性包括信念、价值观、态度和个性品质的相似性，外貌吸引力的相似性，年龄的相似性，以及社会地位的相似性等。

在以上这些因素中，又以态度的相似性最为重要。人与人如果有共同的价值观，并对某件事情持相似的态度，那么不但容易引起共鸣，也容易预测对方的感情倾向。美国心理学家纽康姆（T. Newcomb）曾经做过一个实验，他公开征求17名大学生为住宿志愿者，这些志愿者可以免费住宿四个月，期间要定期接受谈话和测验。实验的结果表明，在相处的初期，宿舍房间即空间距离是决定相互喜欢、吸引的主要因素，而到了后期，随着交往的日益加深，相互间态度、观点和价值观越接近的人，相互的吸引力越大。

中国有许多俗语都和相似性原则相关。如"物以类聚，人以群分"说的就是与自己相似的人容易成为朋友。古代的伯牙和钟子期因为同样对于音乐的高超的鉴赏力而建立了非常深厚的友谊，只有他们才能领略彼此出神入化的琴艺，钟子期被杀后，伯牙伤心异常，决定从此不再抚琴，因为已经没有人能听懂。相反地，如果志趣不投就难以成为朋友，如"话不投机半句多"等。

那么为什么彼此相似的人比较容易相互喜欢和吸引呢？强化论认为相似本身就有一种增强的作用；海德认为人们倾向于喜欢那些与自己意见类似的人，或者反对与自己意见相左的人来维持自己对他人态度的协调一致性；费斯汀格认为，选择与自己在某些方面相似的人，是对自己观点的正确性的一种证实，这种证实能够增强自我满足感，使自己信心倍增。

3）互补性。互补性指人们喜欢那些与自己个性品质相反的人。选择与自己个性品质相反的人可以起到互补的作用，相互满足需要。支配型的人和顺从型的人彼此会相处得很好，因为支配欲强的人在柔顺的人面前更能发挥自己的能力，担当支配保护别人的角色；关怀性强的人同依赖性强的人相处远比两个独立性强的人要融洽；两个同样内向、不善交际的人在一起就可能缺乏应有的沟通和交流；一个性格内向、沉默少言的人与一个热情开朗的人相处则会活跃得多。

互补性原则看来似乎与相似性原则是矛盾的，但从角色作用的观点看却是一致的。一般来说，角色和需求相同的人之间比较重视相似性，而角色和需求不同的人更重视互补性。如支配型男性和顺从型女性在对男女关系中男女角色的看法上是一致的，他们认为男性应起支配作用，女性应当顺从。心理学研究表明，对于短暂的伙伴而言，影响人际吸引的因素主要是相似性，如相似的态度和价值观；而对于长期的亲密伴侣来说，互补性因素更为突出。例如，小李是一个凡事较真，比较爱钻牛角尖的人，而他的妻子却是个性格直爽，大大咧咧的人。这样一对夫妻的关系之所以比较和谐，是因为妻子能够让小李按他自己的想法做事，这样让小李觉得行事自由，不受牵制。

4）相互性。前面所提到的相似性和互补性并非是绝对的，尤其是在很多情况下，并非相反的、不同的特征就必然是互补的，甚至有些可以互补的特征也未必能达到互补的关系。因此人们的相互吸引，不能完全归结于相似或者互补，而主要是取决于双方在相处中是否觉得愉快，这就涉及到相互性的问题了。

相互性是指我们喜欢那些也喜欢我们的人，不喜欢那些不喜欢我们的人。在一个人迫切需要满足自己内心爱的需要时，相互性就会表现得特别明显。相互间的称赞与喜欢是一种双方心理上的接近，也是彼此建立良好人际关系的心理条件。

美国社会心理学家阿伦森（E. Aronson）做过一个实验，他安排实验对象在两种看似偶然的情况下听到假实验对象向别人谈对自己的印象。第一种是假实验对象对实验对象作出相当赞赏的评价，流露出对其的喜欢，而另一种则是假实验对象对实验对象作出否定的评价。然后，询问实验对象对假实验对象的喜恶。结果表明，当别人喜欢他时，他也喜欢别人；反之，别人厌恶他时，他也厌恶对方。

相似性原则在社交以及公关活动中是非常有实用价值的。因此，在社交或者公关活动中，主动适当地对他人表示好感、尊重、敬佩，也是赢得对方好感的方式之一。

5）邻近性。在时空距离上接近且接触机会较多的人可以增加相互吸引，建立比较亲近的关系。有研究表明，人们大多和住得最近的人比较亲密，例如，学生之间往往同住一间宿舍的关系会比较亲密。

费斯汀格曾做过不少研究，研究的对象为已婚学生，他要求他们在公寓里指出自己最喜欢的三个家庭来，其中41%认为是住在隔壁单元的家庭，23%指出是隔两个单元的家庭，16%说是隔三个单元的。另外，他的研究还发现，他们相互交往的多少与距离远近成正比。

那么为什么邻近能促进人们彼此间相互吸引和喜欢呢？首先，邻近可以增加接触交往的次数，继而产生熟悉感，而熟悉感往往能使人产生好感；其次，按照社会交换论的观点，邻近是有用的，有利于人们互助。和邻近的人交往，比和距离远的人交往所付出的代价小，如了解对方相对容易，获取对方的信息也比较便利，而且在交往时，通常付出比较小的努力就能达到目的。中国古语"远亲不如近邻"说的就是这个道理。

当然，邻近性对于人际吸引的作用也是有一定条件的，可以说邻近是产生喜爱的必要条件，但不是充分条件。很多时候，距离近反而容易产生摩擦和冲突，因此邻近性要产生吸引还必须具备满足双方需要的因素。另外，邻近性一般在早期的交往中表现得更为明显，随着人们彼此了解的加深，邻近性对吸引的作用也会越来越弱，人们会更倾向于被心理上接近的人所吸引。

6）熟悉性。熟悉性是指互相熟悉或交往频率高能增加喜欢的程度。其实，邻近性的作用在很大程度上就是由于邻近增加了接触的机会，因而熟悉程度也就增加了。

专门研究动机的心理学家罗伯特·查荣克的实验证明了熟悉性的作用。他让实验对象看一些人的面部照片，有些照片看25次，有些只看一两次。然后问被试者对照片的喜欢程度。结果表明，被看的次数越多的照片越被喜欢。这个效果在社会心理学中被称为曝光效应。当然，曝光效应也是有限制的，曝光超过一定次数反而会让人产生厌烦感。另外，对于喜欢的人见得越多会越喜欢，但对于厌恶的人见得越多反而越反感。

2. 社交心理障碍的自我调适

（1）社交心理障碍概述

社交心理障碍已经越来越成为一种普遍的心理疾病，这可能是因为现代人面临的生存压力越来越大，特别是网络时代的来临，为人们带来了新的社交领域，很多人长期沉溺于网络上虚拟社会的社交活动，而与真实社会中人与人的直接交流的社交技巧也显得越来越缺乏。

社交心理障碍是指非病态意义上的正常人在交往过程中阻碍彼此焦急的心理因素。这里强调的非病态意义的正常人是要区别于丧失了正确表达自己思想能力的人。

社交心理障碍的产生是由多种因素引起的，如语言、文化背景、过往经历、个性、情绪等。

(2) 社交心理障碍的种类及自我调适

1) 孤僻心理。孤僻即我们常说的不合群，指不能与人保持正常关系、经常离群索居的心理状态。孤僻心理主要表现在不愿与他人接触，待人冷漠，对周围的人常有厌烦、鄙视或戒备的心理。具有这种个性缺陷的人猜疑心较强，容易神经过敏，办事喜欢独来独往，但也免不了为孤独、寂寞和空虚所困扰。

前苏联社会心理学家加琳娜·安德烈耶娃（Galina M. Andreeva）认为，人际交往包括交际、感应和知觉三个方面，也就是信息交流、情感影响和认知理解，孤僻心理在这三方面都存在障碍。性格孤僻的人，与别人的信息交流也较少，他们未必是胸无点墨，而是性格束缚了信息的流动。对于人际交往的情感影响来说，孤僻心理的障碍更明显。孤僻者缺乏与他人交往的热情，交往越少感情就越薄弱，容易疏远或者形成隔阂。从认知理解方面来说，人际交往其实就是一种角色认知认同的过程，而这种认同的程度是和被认同者作为交往对象所理解的程度成正比的。孤僻者不愿意与他人进行信息和情感的交流，那么认同也就失去了基础。

孤僻的性格心理与性格内向是不同性质的，孤僻是一种不良性格，它的形成也不是一朝一夕的。孤僻性格的人可能是因为幼年时期缺少关爱，或者由于某个意外事件的重大打击，如在交往中有过受挫折经历而造成了心理上的自我封闭。

孤僻的性格心理是社交活动的障碍，要改变这种性格主要要做以下努力：首先，要强化改变性格的意愿，正确认识孤僻的危害，敞开闭锁的心扉，有了强烈的改变的愿望，行为也就会越自觉；其次，要正确认识自己和他人，孤僻者一般都没能正确地认识自己，有的自恃比别人强，自命不凡，认为不值得和别人交往，有的倾向于自卑，总认为自己不如人，交往中怕被别人讥讽、嘲笑、拒绝，从而把自己紧紧地包裹起来，保护着脆弱的自尊心。只有正确地认识别人和自己，多与别人交流思想，沟通感情，享受朋友间的友谊与温暖，才能克服孤僻心理的障碍。

2) 羞怯心理。羞怯心理和孤僻心理一样，也是一种封闭个性的表现。羞怯是一种比较常见的心理，具有这种心理的人，往往在交际场所或大庭广众之下，羞于启齿或害怕见人。由于过分的焦虑和不必要的担心，导致在言语上支支吾吾，行动上手足失措。这些表现对于社交是十分不利的。

从心理学角度来分析，羞怯心理产生的原因缘于神经活动过分敏感和后来形成的消极性自我防御机制。一般情况下，过于内倾和有抑郁气质的人往往习惯于内向活动，特别在大庭广众下不善于自我表露。此外，幼时所处的环境、所受的教育以及曾经的挫折经历也会影响个人的交往，形成羞怯心理，如曾在大庭广众之下受到冷淡，便会在以后遇到类似情境时引发羞怯感。

克服羞怯的心理弱点，首先要增强自信心。在社会交往中不要总是否定自己，拿别人的长处与自己的短处比，让自卑心理左右自己。任何人都有自己的长处和短处，只要学会欣赏自己，增加交往的勇气，就会表现得更加出色，也会博得更多人的喜爱和肯定。

其次要锻炼自己，多尝试与人交往。要训练自己与不同性格、不同气质、不同年龄的人打交道的胆量与能力，甚至可以强迫自己到最令自己胆怯的情境中去。例如，强迫自己多与不认识的人打交道，如果害怕在众人面前发言，就迫使自己多争取这种发言的机会。

另外，不要过多在意别人对自己的看法，要让自己经常处于松弛状态。羞怯的人常常过于关心自己的表现会引起他人怎样的反应，因此心情常处于紧张状态。往往越是担心别人对自己的看法，心理会越胆怯。很多时候自己不小心做了觉得尴尬的事情，其实在别人看来根本无关紧要，或者别人根本未曾注意，所以完全没有必要太计较别人的看法和评价。

3) 嫉妒心理。《酉阳杂俎·诺皋记上》载有著名的"妒妇津"的故事。相传刘伯玉妻断氏嫉妒心很强，刘伯玉曾经称赞曹植在《洛神赋》中所写洛神的美丽，断氏听到后，气愤地说："君何得以水神美而欲轻我？我死，何愁不为水神？"后果真投水自杀。于是后人将她投水的地方称为"妒妇津"。嫉妒是与他人比较，发现自己在才能、名誉、地位或境遇等方面不如别人而产生的一种由羞愧、愤怒、怨恨等组成的复杂情绪状态。黑格尔也曾说："有忌妒心的人自己不能完成伟大事业，便尽量去低估他人的伟大，贬低他人的伟大性使之与他本人相齐。"

嫉妒心理的产生一方面是由于社会环境的关系，嫉妒是一种历史现象，是小生产观念的产物；另一方面，嫉妒是一种个体心理现象，其产生与个人的品质问题是密不可分的，如个人的思想品质、道德情操修养等。因此，要克服嫉妒心理，主要还要依靠自身的努力，从以下几个方面着手改变这种心理状态：

首先，要正确认识自己。嫉妒心的产生往往是由于误解所引起的，即人家取得了成就，便误以为是对自己的否定，对自己是威胁，损害了自己的"面子"。这就需要冷静地分析自己的想法和行为，同时客观地评价一下自己，找出自己与别人的差距所在。当认清了自己后，再重新看别人，自然也就能够有所觉悟了。

其次，要开阔心胸，培养豁达的人生态度。要正视别人的长处，与别人竞争的同时，也可以学习别人的长处，化嫉妒为自己进步的动力。

最后，要善于从生活中寻找快乐，就像嫉妒者随时随处为自己寻找痛苦一样。快乐是一种情绪心理，嫉妒也是一种情绪心理。何种情绪心理占据主导地位，主要靠人来调整。

4) 猜疑心理。《三国演义》中有这样一段描写：曹操刺杀董卓败露后，与陈宫一起逃至吕伯奢家。曹吕两家是世交。吕伯奢一见曹操到来，本想杀一头猪款待他，可是曹操因听到磨刀之声，又听说要"缚而杀之"，便大起疑心，以为要杀自己，于是不问青红皂白，拔剑误杀无辜。这就是由猜疑心理导致的悲剧。猜疑是人性的弱点之一，在交往中猜疑是一种消极有害的心理现象，是一种狭隘的、片面的、缺乏根据的盲目想象。

猜疑心的产生主要来自于个人的封闭性思路，这种封闭性思路包括无事实依据的假想以及既定的目标和既定的思路；其次，猜疑心理还来自于对客观环境以及他人思想行为的不确定性，客观事物是变化多端、难以预测的，他人的思想行为往往也是难以揣测的，这就带来了主观上认识判断的难度，也就容易产生猜疑。

要克服交往中这种猜疑心理，可以从以下几方面做起：

首先，必须学会信任别人，辩证地看待人和事。猜疑心重的人往往主观性很强，对自己要求不高，却苛求别人，总是对别人无法放心，一旦别人的行为不符合自己内心的假想，便会妄下结论。要消除这种心理，必须学会真诚待人，用客观的分析来判断事物的本质，多看别人的好处，这样无端的猜疑就能从根本上失去其产生的基础。

其次，如果猜疑心已经产生，也要冷静，但不能把疑虑闷在心里，应该及时与人沟通，努力释疑、解惑。在沟通的过程中，应该做到心平气和，开诚布公，与别人推心置腹，这样才有可能恢复事实真相，使事情解决在始发之端。

5) 自卑心理。自卑是一种因过多地自我不确定而产生的自惭形秽的情绪体验。在人际交往中，主要表现为对自己的能力、品质等自身因素评价过低，心理承受力脆弱，经不起较强的刺激，谨小慎微，多愁善感，常产生疑忌心理，行为畏缩，瞻前顾后等。

产生自卑的原因，常常是因为人们对于现实中的挫折产生消极心理，并且将其归因为自身的不足，而这种归因一般会贬低自己的能力、才智等。另外自尊不当、要求过高未被满足的人也容易产生自卑心理,尤其是在遭受挫折后,为了维护自尊心,便以逃避的方式拒绝与人交往,避免暴露自己的弱点。

那么如何克服自卑心理,消除这种社交障碍呢?

首先,应该正确认识自己,培养自信心。每个人都有自己的长处和短处,要学会对自己作公证的、全面的评价,既不沾沾自喜,也不顾影自怜,不要牢牢盯着自己的短处,背上一个沉重的包袱,要善于挖掘和发展自己的优势,以补偿自己的不足。

其次,要勇于面对挫折。挫折和失败是一种必然性,对此持平常之心,就不会在感情上产生很大的波动。失败时要努力寻找恰当的方法排解自卑感、挫折感,避免出现失败导致自卑,再由自卑引起失败的恶性循环。

最后,自卑的人多数比较孤僻、内向、不合群,常自己把自己孤立起来,少与周围人群交往,由于缺少心理沟通,易使心理活动走向片面。在社会交往中,不妨可以采用渐进的方式,先找热情易于交往的人,逐步培养自己的自信。有了一定的自信后再提高交往难度,就不会觉得力不从心,自卑心的负面作用也不会那么强烈了。

6)自负心理。自负心理是一种对个体交往对象的外在排斥,和自卑心理一样会造成社交的障碍。有自负心理的人通常自视过高,认为自己非常了不起,别人都不行。这种人固执己见,唯我独尊,总是将自己的观点强加于人,而且很少关心别人,与他人关系疏远,结果落得个门庭冷落。

自负心理的产生一方面是源自对自己的片面认识,缺乏自知之明,对自己和别人没有正确的比较;另一个原因是自尊心过于敏感,自尊心过分敏感的一种结果是产生自卑心理,而另一种就是产生自负心理,这种自负是通过自我放大来获得自卑不足的补偿。

在适当的范围内,建立在客观现实基础上的自负可以激发斗志,树立必胜的信心,坚定战胜困难的信念,而脱离实际的自负则会影响生活、学习、工作和人际交往,严重的还会影响心理健康。

克服不适当的自负心理,首要的还是要全面认识自我,既要看到自己的优点,又要看到自己的不足。接受批评以及经常进行自我批评也是治疗自负的有效办法。接受批评并不是让自负者完全服从于他人,只是要求他们能够接受别人的正确观点,通过接受别人的批评,不再固执己见;自我批评也是检讨自我,及时调整自负心态的必要途径。

7)逆反心理。逆反心理是指交往者彼此之间为了维护自尊,而对对方的要求采取相反的态度和言行的一种心理现象。逆反心理在青少年中尤其明显,如对正面宣传作不认同、不信任的反向思考；对先进人物、榜样无端怀疑，甚至根本否定；对不良倾向持认同情感，大喝其彩；对思想教育及守则遵纪消极逃避、蔑视对抗等。

逆反心理的形成主观上是因为青少年时期特殊的生理和心理发展。客观方面，教育者的可信任度，教育手段、方法、地点的不适当，以及家庭、群体、大众传播与社会文化的不良影响往往也会导致逆反心理。

逆反心理如果深化发展可能会导致病态心理，因此青少年要学会正确认识自己，努力升华自我，要学会把自己作为教育对象，经常思考自己，主动设计自己，并自觉能动地以实际行为努力完善或造就自己。当然，社会道德风尚以及教育机制的改善对于防止逆反心理也是非常重要的。

8）褊狭心理。所谓褊狭，就是心胸狭隘，为人偏执，褊狭属于交往中的品格心理障碍。具有褊狭心理的人在交往中通常口是心非，言行不一，待人虚伪。由于心胸狭窄，也比较容易嫉妒别人，见不得比自己能干的人，而且爱猜忌别人，敏感多疑，草木皆兵。

褊狭心理并不是天生的，它的产生最主要是后天的原因。长期生活在比较封闭的环境中，或者受自私意识的影响等，都会使人变得眼界狭小，偏执而又没肚量。要改变褊狭的品性，就要提高自身修养，充实知识，丰富内涵，培根有句名言"知识使人明智"说的就是这个道理。另外，要加强与人的交往和交流，不要把自己局限在自我的世界里，只做井底之蛙是永远也无法体会天地之宽广的，也就无法拥有宽宏的气度。

3. 社会交往与心理健康

（1）心理健康的标准

人作为一个生命体，其中最大的特性在于其社会性。社会中的人不仅是由生理因素构成的，应该还包括精神和社会的因素。早在1948年，世界卫生组织就把健康的定义修改为："不但没有身体的缺陷与疾病，还要有完整的生理、心理状态和社会适应能力。"我们可以看到，以往"无病就是健康"的单纯生理健康的观念已被"生理上、心理上和社会适应的完好状态"的现代健康观所取代。

一直以来，心理学家关于心理健康都是各说不一的，对于其标准有不同的理解和划分方法。美国人本主义心理学家马斯洛（Abraham Harold Maslow）和迈特尔曼（Mittelman）针对心理健康修订了十项标准：有充分的安全感；充分了解自己，并能对自己的能力做恰当的估计；生活目标、理想切合实际；与现实环境保持接触；能保持个性的完整和谐；具有从经验中学习的能力；能保持良好的人际关系；

适度的情绪发泄与控制；在不违背集体意志的前提下有限度地发挥个性；在不违背社会道德规范的情况下能适当满足个人基本需要。近年来，国内学者也提出了不少心理健康的标准，概括起来有以下几个方面：

1) 正常的智力水平。智力是指人在认识过程中表现出来的各种认识能力的有机结合，是一种综合性的整体结构。智力主要包括观察力、记忆力、思维能力、想象能力与实践活动能力。智力水平可以通过测验来测定，70分以下者为智力低下。

2) 健康的个性心理和健全的自我意识。个性心理包括气质、能力和性格。一个心理健康的人，必须是这三方面平衡发展的。健全的自我意识是指不过分自负也不过分自卑，对于自我的能力以及优缺点有客观明确的认识。在社交活动中具有健康的个性心理和健全自我意识的人通常是能与他人建立和谐友善的人际关系的，具体表现为有自我控制能力、善于处理紧张和焦虑、能够面对现实、对自己的行为负责等。

3) 稳定的情绪状态。情绪是具有两极性的。情绪的两极性可以表现为积极的、增力的和消极的、减力的。积极的、增力的情绪可以提高人的活动能力，如愉快的情绪驱使人积极地行动；消极的、减力的情绪则会降低人的活动能力，如悲伤引起的郁闷会削弱人的活动能力。情绪的两极性还可以表现为激动和平静。激动的情绪表现为强烈的、短暂的但却是爆发式的体验，如激愤、狂喜、绝望。与短暂而强烈的激情相对立的是平静的情绪，人在多数情景下是处在安静的情绪状态之中的，在这样的场合，人能从事持续的智力活动。消极的和过于激动的情绪对于心理健康是有害的，保持良好的心境、清醒的头脑和控制行为的能力对保持情绪的稳定是十分重要的。

4) 良好的人际沟通能力。心理健康状态好的人乐于与人交往，在交往过程中不会受各种心理障碍的影响而导致沟通不畅或者失败。这样的人一般懂得选择灵活的沟通方式，沟通的准确性高，进退得当。

5) 协调的行为表现。一个人的心理健康状况可以通过观察其行为表现是否恰当来判断。一般来说，行为表现恰当与否是以其是否符合社会道德行为规范为判断依据的。社会道德行为规范又包括法律条文以及约定俗成的用来约束人们行为的规范准则。另外，社会群体中多数人的行为状况也可以成为判断依据。在相同地域文化背景中，如果一个人的行为表现与多数人的行为表现大体一致，那么就被认为是恰当的、正常的行为表现。

（2）社会交往的心理保健功能

有人曾研究过生活在孤儿院的孤儿，他们长期过着孤单的生活，得不到正常儿童应得的爱抚刺激，再加上他们缺乏社交机会，因此，这些孤儿无论是在智力发展还是个性能力上，都较正常的同龄儿童差。他们要么表现为对人冷漠，没有社交愿望，要么狂热地希望得到他人的宠爱照顾。由此，我们可以看出社会交往是人维持心理健康的需要，通过交流思想情感，可以保持心理的平衡。

总的来说，正常和谐的社会交往对心理的保健功能主要体现在以下两个方面：

首先，正常和谐的社会交往可以使人们减少孤独感和恐惧感，并获取安全感，保持良好的情绪状态。我们上文所提到的心理学家沙赫特所做的实验也表明了这一点。当心理上有了恐惧感，人们便会觉得与他人的交往可以减少这种感觉。当内心感到孤独和恐惧时，与他人的交往可以驱除寂寞，从别人那里获得生活的勇气，用新姿态去面对生活。也就是说，交往是人们转移和发泄不良情绪的有效途径，在交往的过程中用各种方式调节自己的情绪，可以减少心理压力，保证心理健康。

其次，社会交往可以提高个体行为的有效性。人与人的交往，保证了个体社会性意识的形成和发展。个体行为往往会受到自我意识的极大影响，个体在一定程度上总是无可避免地受主观性的影响，而往往这种主观性是无法做到正确、客观地认识自我的，因而表现在行动上就不免会有失偏颇，如果加上缺乏交往，无法得到社会群体对自身的评价和帮助，个体就容易产生多疑、失落、沮丧等心理障碍，行为也会变得越来越无效。正常和谐的社会交往，可以调节个体的心理，丰富个体的生活内容，从而提高行为的有效性。

思 考 题

1. 人际交往的特点是什么？
2. 非语言交往有哪些非语言符号形式？
3. 社交心理过程有哪些？这些过程之间的关系如何？
4. 如何理解个性心理特征对人际交往的影响？
5. 社交动机的产生有哪些方面的原因？
6. 社交知觉的含义是什么？
7. 影响人际吸引的主要因素有哪些？
8. 社交心理障碍有哪些？如何进行调适？
9. 什么是心理健康的标准？
10. 正常和谐的社会交往对心理的保健功能主要体现在哪几个方面？

第8章 相关法律与法规

礼仪主持人在自己的职业生涯中，不仅自身需要得到劳动保障制度和相关法律的保护，有明确自觉的法律维权意识，同时在工作中也需要有比较丰富的法律知识，掌握与职业要求相关的《中华人民共和国劳动合同法》《中华人民共和国合同法》条例，才能更好地维护自身的职业形象，更好地与客户交流合作，完成礼仪主持人的工作。

第1节 《中华人民共和国劳动合同法》相关规定

1. 关于《中华人民共和国劳动合同法》

（1）《中华人民共和国劳动合同法》的作用

《中华人民共和国劳动合同法》是为了完善劳动合同制度，明确劳动合同双方当事人的权利和义务，保护劳动者的合法权益，构建和发展和谐稳定的劳动关系而制定的法律。《中华人民共和国劳动合同法》自2008年1月1日起施行。

（2）《中华人民共和国劳动合同法》的适用范围

中华人民共和国境内的企业、个体经济组织、民办非企业单位等组织（以下称用人单位）与劳动者建立劳动关系，订立、履行、变更、解除或者终止劳动合同，适用本法。

国家机关、事业单位、社会团体和与其建立劳动关系的劳动者，订立、履行、变更、解除或者终止劳动合同，依照本法执行。

礼仪主持人作为劳动者也是《中华人民共和国劳动合同法》的适用者，在与用人单位订立劳动合同时，要学习、研究此法，以此来维护自身的合法权益。

2. 劳动合同的概念

劳动合同是劳动者与用人单位确立劳动关系、明确双方权利和义务的协议。劳动合同是一种特殊的合同形式，是证明劳动关系存在及其内容的法律依据，反映主体双方之间的权利和义务关系。

劳动合同的主要特征有：

(1) 主体的特定性

一方是劳动者，一方是用人单位。

(2) 内容的法定性

除了劳动合同的约定内容外，劳动合同更多的是法定内容，这些法定条款在劳动合同中必须具备。

(3) 目的的明确性

劳动合同的目的在于劳动过程的完成，而不是劳动成果的给付。

(4) 形式的规范性

劳动合同应当采取书面形式。

(5) 劳动合同具有排他性和延续性

排他性，是指在原合同终止或解除之前，劳动者不能与其他用人单位订立新的劳动合同；延续性，是指劳动合同终止之后，合同规定的某些特殊权利和义务还将继续存在，如退休金、医疗保险费的支付。

3. 劳动合同的订立

劳动合同的订立是指劳动者和用人单位经过相互选择，确定合同当事人，并就劳动合同的条款经过协商，达成一致，用书面形式规定双方劳动权利和义务的法律行为。

订立劳动合同，应当遵循合法、公平、平等自愿、协商一致、诚实信用的原则。依法订立的劳动合同具有约束力，用人单位与劳动者应当履行劳动合同约定的义务。

劳动合同的成立与劳动合同的生效是两个不同的概念。劳动合同双方当事人在合同文书上签字盖章，合同即告成立。劳动合同的生效，必须在主体、内容、订立目的、程序、形式等方面符合法律、法规的规定，否则是无效合同。

4. 劳动合同的内容和形式

劳动合同的内容，是在合同中需要确定的劳动合同双方当事人的权利、义务以及相关事项。它分为法定条款和约定条款两部分。

（1）法定条款

法定条款是《中华人民共和国劳动合同法》要求劳动合同条款必须具备的条款。它包括用人单位的名称、住所和法定代表人或者主要负责人，劳动者的姓名、住址和居民身份证或者其他有效身份证件号码，劳动合同期限，工作内容和工作地点，工作时间和休息休假，劳动报酬，劳动保护、劳动条件和职业危害防护，法律、法规规定应当纳入劳动合同的其他事项。

劳动合同的期限分为固定期限、无固定期限和以完成一定工作任务为期限。

（2）约定条款

约定条款是劳动合同双方当事人之间自愿协商规定的关于各自权利、义务的条款。用人单位与劳动者可以约定试用期、培训、保守秘密、补充保险和福利待遇等其他事项。劳动合同可以约定试用期，但最长不得超过六个月。

劳动合同应当以书面形式订立。书面劳动合同应严肃慎重，内容清楚准确，便于当事人执行；一旦发生争议，有利于查清事实，及时处理。口头的劳动合同，一般应按无效劳动合同处理。

《中华人民共和国劳动合同法》第十条规定：已建立劳动关系，未同时订立书面劳动合同的，应当自用工之日起一个月内订立书面劳动合同。用人单位与劳动者在用工前订立劳动合同的，劳动关系自用工之日起建立。《中华人民共和国劳动合同法》第八十二条规定：用人单位自用工之日起超过一个月不满一年未与劳动者订立书面劳动合同的，应当向劳动者每月支付二倍的工资。

5. 劳动合同的履行

（1）劳动合同依法订立即具有法律约束力，当事人必须履行劳动合同规定的义务。

（2）双方当事人必须全面履行劳动合同中所规定的义务，不得擅自变更或终止，否则应当承担相应的法律责任。

(3) 用人单位与劳动者协商一致，可以变更劳动合同约定的内容。变更劳动合同，应当采用书面形式。

(4) 双方当事人在劳动合同履行过程中发生争议，经协商不成的，任何一方都有权请求法律保护，申请调解、仲裁和诉讼。或者对依法生效的裁决和判决申请强制执行。

(5) 任何单位和个人不得非法干预当事人履行劳动合同的义务，否则将依法承担相应的法律责任。

(6) 用人单位法定代表人的变更不影响原订劳动合同的效力。

(7) 劳动合同的履行以合同依法订立、具有法律效力为前提。劳动合同全面有效，必须全面履行；部分有效，只履行有效部分；劳动合同无效，则无须履行。

(8) 双方当事人订立的劳动合同违反劳动法律、法规规定的，从订立之时起即无法律效力，法律不予承认和保护。劳动法规定，违反法律、行政法规的劳动合同和采取欺诈、威胁等手段订立的劳动合同，为无效劳动合同。

6. 劳动合同的解除和终止

用人单位与劳动者协商一致，可以解除劳动合同。劳动者提前三十日以书面形式通知用人单位，可以解除劳动合同。劳动者在试用期内提前三日通知用人单位，可以解除劳动合同。

用人单位有下列情形之一的，劳动者可以解除劳动合同：

(1) 未按照劳动合同约定提供劳动保护或者劳动条件的。

(2) 未及时足额支付劳动报酬的。

(3) 未依法为劳动者缴纳社会保险费的。

(4) 用人单位的规章制度违反法律、法规的规定，损害劳动者权益的。

(5) 劳动合同无效的。

(6) 法律、行政法规规定劳动者可以解除劳动合同的其他情形。

劳动者有下列情形之一的，用人单位可以解除劳动合同：

(1) 在试用期间被证明不符合录用条件的。

(2) 严重违反用人单位的规章制度的。

(3) 严重失职，营私舞弊，给用人单位造成重大损害的。

(4) 劳动者同时与其他用人单位建立劳动关系，对完成本单位的工作任务造成严重影响，或者经用人单位提出，拒不改正的。

（5）劳动合同无效的。

（6）被依法追究刑事责任的。

劳动者有下列情形之一的，用人单位不得解除合同：

（1）从事接触职业病危害作业的劳动者未进行离岗前职业健康检查，或者疑似职业病病人在诊断或者在医学观察期间的。

（2）在本单位患职业病或者因工负伤并被确认丧失或者部分丧失劳动能力的。

（3）患病或者非因工负伤，在规定的医疗期内的。

（4）女职工在孕期、产期、哺乳期的。

（5）在本单位连续工作满十五年，且距法定退休年龄不足五年的。

用人单位违反《中华人民共和国劳动合同法》规定解除或者终止劳动合同，劳动者要求继续履行劳动合同的，用人单位应当继续履行；劳动者不要求继续履行劳动合同或者劳动合同已经不能继续履行的，用人单位应当支付赔偿金。

用人单位应当在解除或者终止劳动合同时出具解除或者终止劳动合同的证明，并在十五日内为劳动者办理档案和社会保险关系转移手续。

7. 关于非全日制用工

非全日制用工，是指以小时计酬为主，劳动者在同一用人单位一般平均每日工作时间不超过四小时，每周工作时间累计不超过二十四小时的用工形式。礼仪主持人因为其工作性质，很多采用非全日制用工的劳动方式，尤其要了解相关的劳动合同法律制度。

非全日制用工双方当事人可以订立口头协议。

从事非全日制用工的劳动者可以与一个或者一个以上用人单位订立劳动合同；但是，后订立的劳动合同不得影响先订立的劳动合同的履行。

非全日制用工双方当事人不得约定试用期。非全日制用工双方当事人任何一方都可以随时通知对方终止用工。终止用工，用人单位不向劳动者支付经济补偿。

非全日制用工小时计酬标准不得低于用人单位所在地人民政府规定的最低小时工资标准。非全日制用工劳动报酬结算支付周期最长不得超过十五日。

第 2 节 《中华人民共和国合同法》相关规定

1. 合同与合同法

（1）合同的概念和特征

合同是平等主体的自然人、法人、其他组织之间设立、变更、终止民事权利和义务关系的协议。合同具有以下法律特征：

1) 合同是当事人之间在自愿基础上达成的协议，是双方或多方的民事法律行为。

2) 合同当事人的法律地位平等。

3) 合同所确定的关系是民事法律关系。

（2）合同法

《中华人民共和国合同法》是调整平等主体之间合同关系的法律规范的总称。我国于 1999 年 3 月 15 日公布《中华人民共和国合同法》，同年 10 月 1 日起施行。礼仪主持人在其工作中，要依据此法与客户订立合同。

2. 合同的订立和效力

（1）合同的订立

订立合同也就是双方达成协议，使各方的意思表示取得一致。《中华人民共和国合同法》规定，当事人订立合同，是取得要约和承诺的方式。

1) 要约。要约是希望和他人订立合同的意思表示，该意思表示应当符合下列规定：一是要约内容要具体确定；二是表明经受要约人承诺，要约人即受该意思表示约束。

要约必须是特定的当事人向相对人作出的意思表示。相对人可以是特定的，也可以是非特定的。如果作出意思表示的人并没有一定的对象，只是希望别人向自己作出订立合同的提议，则该意思表示一般不是要约，而是要约邀请，如寄送的价目表、拍卖公告、招标公告等。

《中华人民共和国合同法》规定，要约到达受要约人时生效。要约可以撤回，撤回要约的通知应当在要约到达受要约人之前或者与要约同时到达受要约人。要约也可以撤销,撤销要约的通知应当在受要约人作出承诺通知之前到达受要约人。

2) 承诺。承诺是受要约人同意要约的意思表示。承诺的内容应当与要约的内容一致。受要约人对要约的内容作出实质性变更的,为新要约。承诺应当在要约确定的期限内到达要约人,承诺通知到达要约人时生效,承诺生效时合同成立。

(2) 合同的主要条款

《中华人民共和国合同法》规定,合同的内容由当事人约定,一般包括以下条款:当事人的名称或者姓名和住所,标的,数量,质量,价款或者报酬,履行期限、地点和方式,违约责任,解决争议的方法。

(3) 合同的效力

依法成立的合同,自成立时生效。当事人对合同的效力可以约定附条件或附期限。《中华人民共和国合同法》规定,有下列情形之一的,合同无效:一方以欺诈、胁迫的手段订立合同,损害国家利益;恶意串通,损害国家、集体或者第三人利益;以合法形式掩盖非法目的;损害社会公共利益;违反法律、行政法规的强制性规定。

因重大误解或者在订立合同时显失公平的,当事人一方有权请求人民法院或者仲裁机构变更或撤销合同。

无效的合同或者被撤销的合同自始至终没有法律约束力。合同部分无效,不影响其他部分效力的,其他部分仍然有效。合同无效或者被撤销后,合同取得的财产,应当予以返还;不能返还或者没有必要返还的,应当折价补偿。有过错的一方应当赔偿对方因此所受到的损失,双方都有过错的,应当各自承担相应的责任。

3. 合同的履行

合同的履行是指双方当事人应当按照约定全面履行自己的义务。当事人应当遵循诚实信用原则,根据合同的性质、目的和交易习惯履行通知、协助、保密等义务。

4. 合同的变更、解除、权利和义务的终止

(1) 合同的变更与转让

合同的变更是指合同订立后,尚未履行或没有完全履行之前,由当事人依法律规定的条件和程序,对原合同进行的修改或补充。合同法规定,当事人协商一致,可以变更合同。

合同的转让是指合同的内容和标的不变，享受权利的债权主体或者负担义务的债务主体的变更。合同法规定，债权转移应当通知债务人，否则该转让对债务人不发生效力。债务转移，应当经债权人同意。

（2）合同的解除

合同的解除是指合同订立后，尚未履行或没有完全履行之前，由当事人依法解除原合同，提前终止双方当事人的权利和义务关系。合同法规定当事人协商一致，可以解除合同。如有下列情形之一的，一方当事人可以解除合同：因不可抗力致使不能实现合同目的；在履行期限届满之前，当事人一方明确表示或者以自己的行为表明不履行主要债务；当事人一方迟延履行主要债务，经催告后在合理期限内仍未履行；当事人一方迟延履行债务或者有其他违约行为致使不能实现合同目的。

法律规定的其他情形：合同解除后，尚未履行的，终止履行；已经履行的，根据履行情况和合同性质，当事人可以要求恢复原状、采取其他补救措施，并有权要求赔偿损失。

5. 违约责任

违约责任是指当事人一方不履行合同义务或者履行合同义务不符合约定的，应当承担违约金、赔偿损失、继续履行或者采取补救措施等违约责任。

违约责任的免除，是指在合同履行中，因出现法定和合同约定的免责条件而导致合同不能履行，债务人将被免除履行义务。《中华人民共和国合同法》规定，因不可抗力原因不能履行合同或不能完全履行的，可部分或者全部免除责任，但法律另有规定的除外。当事人迟缓履行后发生不可抗力的，不能免除责任。不可抗力是指当事人在订立合同时不能预见、对其发生及后果不能避免并不能克服的事件。不可抗力包括来自自然界和人类社会的事件和行为。因不可抗力而不能履行合同的全部或部分义务的当事人，应当将其因不可抗力事件而不能履行合同的全部或者部分义务的情况及时通知对方，以减轻可能给对方造成的损失，并且应当在合理的期间内提供有关机关出具的证明。

6. 合同的其他规定

合同发生争议时，当事人可以通过和解或者调解来解决争议。当事人不愿采用此方式或采用此方式不能解决争议时，可以根据仲裁协议向仲裁机构申请仲裁。涉外合同的当事人可以根据仲裁协议向中国仲裁机构或者其他仲裁机构申请仲裁。当事人没有订立仲裁协议或者仲裁协议无效的，可以向人民法院起诉。

思 考 题

1. 《中华人民共和国劳动合同法》的适用范围有哪些?
2. 订立劳动合同的基本原则是什么?
3. 劳动合同的履行包括哪几个方面?
4. 合同的内容应该包含哪些主要条款?
5. 《中华人民共和国合同法》对违约责任有哪些规定?

参考文献

1. 张岱年，方克立. 中国文化概论. 北京：北京师范大学出版社，1994
2. 阴法鲁，许树安. 中国古代文化史. 北京：北京大学出版社，2001
3. 乌丙安. 中国民俗学. 沈阳：辽宁大学出版社，1985
4. 董保军. 中外礼仪大全. 北京：民族出版社，2005
5. 杨秀英，傅琼，章永进. 公关与礼仪. 上海：复旦大学出版社，2006
6. 曾湘宜. 现代公关礼仪. 北京：北京工业大学出版社，2006
7. 金正昆. 公关礼仪. 北京：北京大学出版社，2005
8. 张履祥. 普通心理学. 合肥：安徽大学出版社，2002
9. 李元授. 交际心理学. 武汉：华中科技大学出版社，2004
10. 侯玉波. 社会心理学. 北京：北京大学出版社，2002
11. 梁执群. 社交心理学. 北京：中国城市出版社，2003
12. 高玉祥. 人际交往心理学. 北京：中国社会科学出版社，1990